福建省示范性普通高中丛书

丛书主编——李迅

美的成长

——三明市第九中学尚美文化的立体建构

郭立龙 主编

海峡出版发行集团 THE STRAITS PUBLISHING & DISTRIBUTING GROUP | 福建教育出版社

图书在版编目（CIP）数据

美的成长：三明市第九中学尚美文化的立体建构/郭立龙主编．—福州：福建教育出版社，2024.9.（2024.12重印）
（福建省示范性普通高中丛书/李迅主编）．—ISBN 978-7-5758-0143-0

Ⅰ.G639.285.73

中国国家版本馆CIP数据核字第20247HN082号

福建省示范性普通高中丛书
丛书主编 李迅

Mei De Chengzhang——Sanming Shi Di-jiu Zhongxue Shangmei Wenhua De Liti Jiangou
美的成长——三明市第九中学尚美文化的立体建构
郭立龙 主编

出版发行 福建教育出版社
（福州市梦山路27号 邮编：350025 网址：www.fep.com.cn
编辑部电话：0591-83763280
发行部电话：0591-83721876 87115073 010-62024258）
出 版 人 江金辉
印 刷 福州印团网印刷有限公司
（福州市仓山区建新镇十字亭路4号）
开 本 710毫米×1000毫米 1/16
印 张 17
字 数 250千字
版 次 2024年9月第1版 2024年12月第2次印刷
书 号 ISBN 978-7-5758-0143-0
定 价 60.00元

高中应让孩子一生热爱

经历世间种种者回顾起自己的高中生阶段，常常有“平生不会相思，才会相思，便害相思”之感。高中阶段是一个人身心发展、自我意识和能力提高、思想观念进一步丰富的重要时期，深刻且难忘。就人才培养全过程而言，这也是非常关键的阶段，因此，“谁掌握了高中，谁就掌握了未来”！

福建省历来重视教育，前人留下“独中青坑”的佳话。当代福建中学教育更能有效帮助学生德智体美劳全面、健康、可持续发展，“高考红旗”的美誉就蕴含着社会各界对福建教育的充分肯定。新时期福建高中教育如何守正创新、勇毅前行？基于这一思考，福建省系统构建高中教育的发展，从达标到示范，从县域高中提质到乡村高中固本，从特色高中到综合高中等进行全面规划。其中，“培育创建示范性普通高中”是推进普通高中高质量发展的重要举措。

2016 年 4 月，福建省人民政府办公厅印发《福建省“十三五”教育发展专项规划》（闽政办〔2016〕67 号），要求巩固提高普通高中发展水平、着力推进优质高中建设、推动高中多样化特色发展，明确“重点建设一批高水平、高质量的示范性高中”，提出“到 2020 年，省级示范性高中达 35 所左右、若干所高中进入全国一流行列，省一级达标高中和示范性高中在校生比例达 45%左右”。

2017 年 11 月，福建省教育厅发布的《关于遴选培育福建省示范性普通高中建设学校的通知》（闽教基〔2017〕53 号）提出：通过培育省级示范性普通高中建设学校，进一步强化立德树人根本任务，进一步创新教育管理机制，进一步深化课程教学领域改革，强化内涵建设，有效提高人才培养质量和办学水平，建设形成内涵深厚、质量优异、特色鲜明、高考综合改革成果突出、社会公认、辐射带动作用显著的省级示范性普通高中35所左右，其中若干所教育教学改革取得重大突破，成为有全国影响力的知名高中。

经各地市推荐，2018年福建省教育厅将44所学校立项为首批示范建设高中，建设周期为2018年至2021年；强调学校应在办学理念实践、学校文化创建、教师专业发展、体育与健康教育、社会服务、特色发展等方面充分发挥示范作用，引领全省普通高中多样化有特色发展，力争在教育教学、教育管理等方面改革取得重大突破，发展成为有全国影响力的品牌高中，若干所跻身国际知名高中行列；要求坚持开放办学理念，立足当地、影响全市、辐射全省，每所示范建设高中须重点选择省内不超过4所公办普通中学开展对口帮扶（帮扶期与示范高中培育建设期同步），提高公办独立初中与公办薄弱高中办学水平，实现示范高中建设效益最大化。同时明确，项目建设实行“省级统一指导、市县协调推进、学校具体实施”的管理体制，按照“一校一案”组织实施；预发《福建省示范性普通高中建设学校过程评价及确认评估指标（试行）》，适时组织专家组进行过程性指导与评价。

省教育厅决定探索学校教育综合评价新路，提出“评估必须利于所有高中学校的真正发展”的基本原则，组成的评估组必须以“不找学校报材料、不给学校增负担”为要求，构建“大数据搜集、多维度分析、分层级对标”模式，提高监测评估信息化水平，适时开展调度评析，主要指出各学校在培育过程存在的问题，以进一步提升学校内涵。评估开展前期，省教育厅邀请华东师范大学等教育专家对此项工作进行了实地且系统的指导，于2020年1月正式组建“福建省示范性高中研究组”（即评估组），成员由省教育科学研究所、省普通教育教学研究室、省电化教育馆等研究机构相关专业人员组成；在省教育厅全过程指导下，福建省示范性高中研究组对示范性高中项目建设开展常态化监测评估，召开中期或阶段或年度评估过程协调会议，及时指导学校有的放矢地发展，适时提交相关报告供决策参考。

2022年，确认30所学校高中部为“福建省首批示范性高中”，示范期为三年（2022年至2024年），在示范期满后结合示范辐射情况重新予以评估确认，其余14所暂未认定的示范建设高中继续推进示范创建工作，在一年后视建设推进情况再行组织评估审核确认工作。同年，15所学校被立项为第二批示范建设高中，建设周期为2022年至2025年。

新时代，党中央、国务院高度重视普通高中教育，从高考综合改革、新课程新教材实施、评价改革、办学活力激发等方面作出顶层设计，大力推进普通高中育人方式改革，推动普通高中多样化特色发展，促进学生全面而有个性地发展，为学生适应社会生活、高等教育和职业发展作准备，为学生的终身发展奠定基础。福建省坚持以习近平新时代中国特色社会主义思想为指导，全面贯彻党的教育方针，落实立德树人根本任务，坚持五育并举，深化育人关键环节和重点领域改革，围绕加强党建引领、创新课程体系、改革育人方式、优化管理制度、提高教师素质、改进评价方式等重点任务，持续推进示范高中建设，充分彰显优质学校办学风格，健全完善优质学校辐射带动区域教育发展的有效机制，助力加快构建优质均衡基本公共教育服务体系，促进我省普通高中优质创新发展、多样特色发展。省教育厅要求，30所首批示范性高中，应结合示范辐射定位，着眼于全方位高质量发展，自行确定优势特色项目，积极创建综合优质品牌高中，或聚焦某一方面特色优势，着力打造高水平特色示范高中。同时，要主动担当，勇于作为，充分发挥示范辐射作用，实施全方位深度结对帮扶，促进对口学校办学质量和水平显著提升，不断扩大优质教育资源覆盖面。

党的二十大首次作出“教育、科技、人才”三位一体战略部署，对下一阶段推进普通高中育人方式改革提出新的更高要求。站在新的历史起点上，如何总结提炼三十所首批示范高中的办学经验，进一步推动我省高中教育发展？在福建教育厅的支持下，在福建教育出版社的帮助下，福建省基础教育研究院（德旺基础教育研究院）拟推出“福建省示范性普通高中丛书”。期待这套书的出版能努力做好福建普通高中高质量发展的时代答卷。为此，一要紧紧围绕国家重大战略的人才需求，科学设计拔尖创新人才培养机制与路径，提高人才自主培养质量；二要紧紧围绕育人目标，推进学生综合素质的科学评价及有效运用，切实破除“唯分数论”的顽瘴痼疾；三要紧紧围绕学生发展的多样化需求，实现普职融合；四要紧紧围绕智能时代带来的机遇与挑战，实现教师角色转型及高中教与学的深度变革，不断提升育人质量。

新时代，新气象，愿示范高中大胆探索，改革创新，成为落实立德树人、人才培养创新、课程教学改革、教师队伍建设等方面的示范，引领和带动全省普通高中以及基础教育各级各类学校高质量发展，续写示范高中项目建设的新篇章。

李　迅

2023 年 9 月 1 日

序　言

接近答案的答案

我要唱的歌，直到今天还没有唱出。我每天都在乐器上调理弦索。

——泰戈尔

教育的目的是什么，对于这个问题，我从来没有停止过探寻答案的脚步。作为长期在一线从事基础教育的工作者，从大田县的文江中学、广平中学、武陵中学，再到三明市第二中学、第九中学，拥有20多年的工作经历，在强烈的责任心驱使下，我对教书育人有了更为深刻的理解，对教育的根本有了更新的认识。

教育是“无痕”的，是慢慢浸润的过程。有时候，我们听一堂优美的常态课，感觉不到刻意安排的痕迹，一切都进行得非常自然，你甚至会觉得，教师随意得像是没有特意备课，但听完之后，你又能感觉到他的良苦用心，关键的是，让听课的学生觉得特别舒服。这是“无痕”的课堂，“无痕”不是不用心，它恰恰是教师特别用心的体现，让学生自然地贴近、自觉地融入课堂，而这一过程，是在教师的引领下很本然地实现的。一堂课如此，对学生的教育亦是如此，知识在循序渐进的过程中自然而然流入学生的心田，“美”的种子随着这股清泉不知不觉种在学生的心里，慢慢地生根、发芽、长大。

正是因为这个过程是“随风潜入夜，润物细无声”的，是“细雨湿衣看不见，闲花落地听无声”的，我们似乎不能也没有办法去刻意追求某一种结果或者实现某一个目标。遗憾的是，我们常常以某一特定的，甚至是功利的标准去评判孩子的成长；我们往往过多地关注眼前的教育目标而忽略了长远的人生追求。然而，教育绝不仅仅是知识的传授，“只有分数过不了明天”。如果忽略了非知识层面对学生的影响，如果把学校变成考试技能的训练场，我们将不能真正理解教师这一职业的特殊性，更不可能真正理解教育的目的。教育工作者应当是有思考的实践者。当我们被轰轰烈烈的教改浪潮裹挟着前行时，我们是否明白自己究竟要去向何方？当教育的功能被功利化地无限夸大时，我们是否自省教师的定位在哪里？

有一位毕业的学生给老师发回了一则信息：“老师，您带我们的时候当然不是放养，也不是死死盯住，而是使师生关系保持在一个最合适的距离，彼此相互尊重，又能够相互促进，这点让我们与您相处特别愉快。”这则信息也让我很受触动，教育工作者不是替学生冲锋陷阵的勇士，我们更应该是默默守望他们成长的守护者。美国作家杰罗姆·大卫·塞林格在《麦田里的守望者》中描述了这样一个场景：一群孩子在麦田里玩耍，旁边就是悬崖，孩子们都在狂奔，不辨方向，不知道自己是往哪边跑。主人公霍尔顿希望自己就是一个麦田里的守望者，抓住往悬崖边跑来的孩子，不让他掉下悬崖。霍尔顿自身的成长过程是孤独而痛苦的，缺乏引导，可他这一理想化的理想恰恰道出教育者应有的教育态度：让孩子自由地奔跑，不扼杀孩子的天性，亦不夸大教育的功能。

教育自有其规律，教育工作者应有的教育态度还体现在对教育基本规律的认知上。叶圣陶先生说：“教育不是工业，是农业；学生不是瓶子，而是种子。”教育是一个急不得、急不来的过程。既然是农业，就要遵循自然规律，春耕、夏种、秋收、冬藏，这是教育生命的节律，任何人都不能违背，不能揠苗助长；既然是种子，就要灌溉，而且他要经历烈日的暴晒、风雨的侵袭、冰霜的打击，成长的过程无法缩短，更不可能量化。而这颗种子也许会开出一朵花，也许是长成一株草，又或许会成长为参天大树。如果认为高分学生就是优秀学生，高分教师就是优秀教师，高分学校就是优秀学校；如果机械地模仿、盲目地刷题、像抓 GDP 一样抓教育，那么就罔顾了孩子成长的规律和个体差异的事实，教育就变成了量化产出的工厂。

教育，不仅在教，更在于育。冯友兰先生说："教育是使人作为人而成其为人，而不是成为某种人，是成其为真正意义上的完全的人的人化的过程。"我们对人的理解有多深，对教育目的的理解就有多深。学生是发展中"未特定化"的人，既有无限的潜力与可能，也有各自的个性与特点。我们当然希望每个孩子都有出色的文化成绩，有丰富的知识储备，有拔尖的专业能力，有更高的学历，这也是我们的追求，但别忘了，教育为了人，教育的根本还是使人成为人。

教育孩子 3 年，要为孩子今后的 30 年设想。不是所有的孩子将来都能成就伟大的事业，但我希望他们诚实、正直、体格强健，拥有发现美和创造美的能力，树立正确的人生观和价值观，保有人类和社会公认的最朴素的道德，从而为他们未来美好幸福生活奠基。我心目中的教育，就是帮助孩子在未来的生活中更成功地寻求自己的幸福。当物质更为丰盈，价值更为多元，人的选择也将更为多样；当科技更为进步，机械式的劳作更多地为机器替代，作为人的个性化的兴趣专长自然宝贵。因此，我相信，能够促进人的全面发展的教育才是合格的基础教育。同时，教育应适应每一位学生的发展，为每一位学生的成功人生奠基，既承认个体的差异性，又平等地对待每一位学生，使每一位学生都受到应有的关注。

三明九中在前任校长蔡书太的引领下，致力于学生的终身发展与多元发展，将美术教育确立为学校的办学特色，经过 20 多年的探索，经历了从特色项目到学校特色再到特色学校的发展过程，走出了一条不同寻常的发展路，一条谋求学校可持续发展的特色路。"让每一位学生走向成功"这一办学理念，是三明九中师生在 20 多年的积淀中形成的群体价值观，是学校发展的根基和灵魂。一所学校不仅要有学业成绩优秀的学生，还要有跑得快的学生，唱得好的学生，画得美的学生，这一追求并不代表一种平庸的教育，只是拔尖教育以"以人为本"为基础，三明九中所倡导的校训"宏志·励学·笃行"，这些品质恰恰是"精英们"所应该具备的。

春日校园

三月，残存着严冬的料峭，寒风夹杂着细雨，校园小径深处的桃花，一面盛开似锦，一面纷纷坠落，春天的脚步似来未来……教育的春天在哪里，我并不能知晓。然而，我始终在路上，在追寻，在求索，我不敢说我得到了答案，但我敢说自己是一个热爱教育的人，一个有教育情怀的人，一个愿意把教育事业当作毕生追求的人。我希望尽我毕生精力，办好一所学校，让“美的成长”在三明九中的校园里焕发出勃勃生机！

追寻教育的春暖花开，我将带着我的教育情怀与不随波逐流的勇气不断摸索，缓步前行！

郭立龙

三明市第九中学党总支书记

目录

第一章

筚路蓝缕　风雨兼程

第一节　三明九中历变记

三明九中校园全景图

三明市第九中学，从名不见经传的厂办学校，逆袭成为福建省示范性高中，其间的故事，可以惊艳岁月；其间的传说，足以温柔时光。

遥想 1959 年，三明九中只是“三明化工厂职工子弟学校”。1972 年 9 月，始设初中部，1974 年 9 月，才有高中部。1978 年 2 月，又更名为“三明化工厂中学”。1984 年 10 月，迁至现址。1991 年 2 月，更名为“三明化工总厂中学”。1998 年 6 月，从企业剥离，成为三明市教育局直属校，更名为“三明市第九中学”（简称为三明九中）。2006 年 5 月，被福建省教育厅确认为省一级达标中学，2020 年 7 月，被教育部确认为普通高中新课程新教材实施示范校，2022 年 3 月，被福建省教育厅确认为福建省首批示范性普通高中。如今的三明九中，有 42 个教学班，学生 2100 多人，教职工 173 名，正高级教师 3 人，特级教师 1 人，高级教师 72 人，省市学科带头人、教坛新秀、骨干教师 32 人。学校占地 6.7 万平方米，建筑面积 3.91 万平方米，校园绿地面积 2.9 万多平方米。

旧年三明化工总厂中学学校大门

现在三明九中学校大门

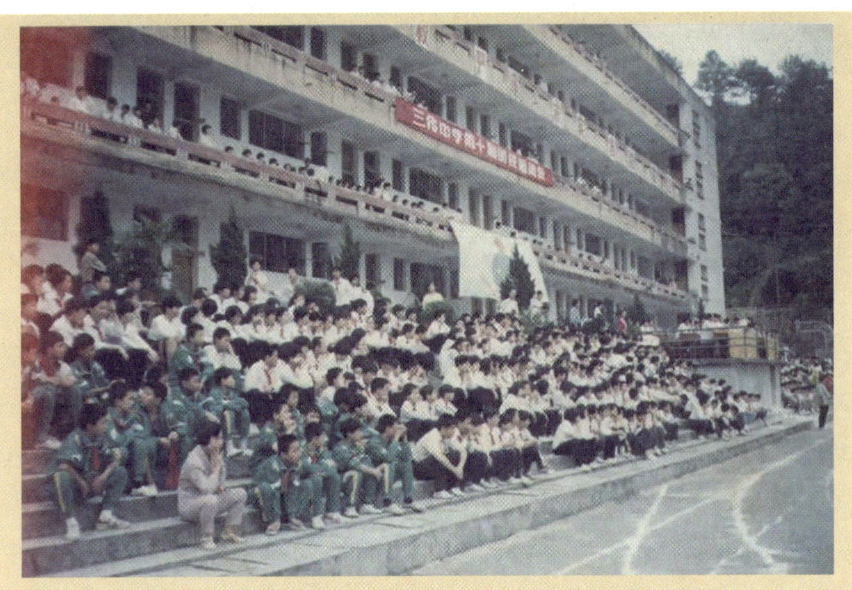
1995 年，三明化工总厂中学第十届田径运动会

悠悠六十余载，有多少青春少年在这里寒窗苦读，锻造品性，然后意气风发，奔向远方，留下一串串追逐梦想的足迹！又有多少殷殷园丁在这里播撒汗水，辛勤培育，然后成就事业，留下一丝丝蕴蓄情怀的白发！

三明九中教学楼（左）、实验楼（右）

三明九中体艺馆、田径场

观我九中，楼舍巍然，广场宏阔；树木葱郁，花草芬芳。不必说朝阳中的教学主楼，也不必说晚霞中的校园广场，单是教学楼与实验楼间的那条小路，便充满奇趣，美不胜收。蜂蝶与琅琅书声在这里交换心跳，花草与翩翩身影在这里传递眼神。这里的每一片叶子，都贮藏着一段学子情；每一块石板，都雕刻着一首励志诗。

思我九中，创建之初，可幸合抱之木生于毫末，九层之台起于垒土。辛勤的九中人，殚精竭虑，含辛茹苦，终将一所简易的子弟学校，化而为省一级达标校，再而为省示范高中校，其艰难历程，辛勤付出，虎峰可证，沙溪可鉴。

感我九中，备受各级领导的重视。教育部、教育厅、市委、市政府及市委教育工委、市教育局都对九中予以关爱，学校才有了跨越式发展，成为三明市充满活力、最具特色的优质高中。学校先后获得了全国学校艺术教育工作先进单位、省中小学艺术教育先进集体、省五一劳动奖状、省先进基层党组织、省文明校园、省德育工作先进学校、省军民共建精神文明先进单位等多项荣誉。在提升教育教学质量的同时，美术教育特色凸显，多项成果走在全省前列，学校被确认为省市学校特色发展项目学校、福建省基础教育学科（美术）教学研究基地学校。

三明九中2023年全体教职工合影

岁月不居，时节如流。六十余年风雨承载韶华青春旧梦，六十余载光华谱写创新奋进之歌。守初心，继传统乃与国脉相连；向未来，倡特色而与世界共融。弘德以读书报国，启智以教书育人，健体而朝气蓬勃，尚美乃正气如虹。

九中之历变，美哉壮哉！

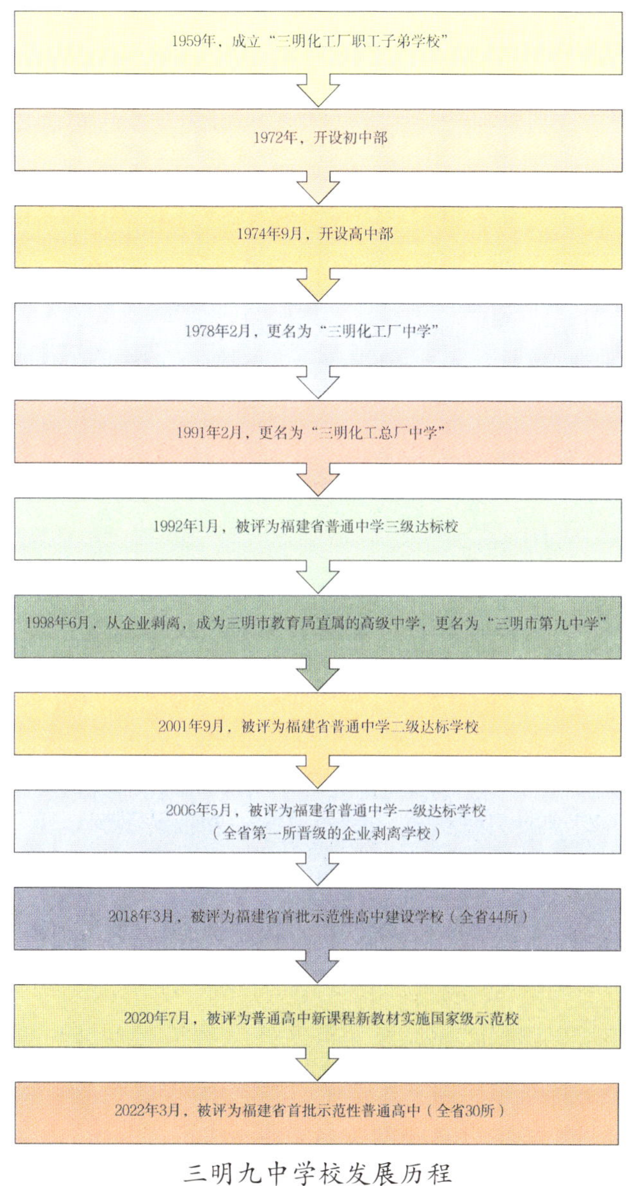

三明九中学校发展历程

第二节　内涵发展　惟实励新

一、办学理念：让每一位学生走向成功

成功理念的内涵是追求学生潜能的发现和发展、追求学生的自我教育、追求全体学生全面发展，同时也是追求教师和学校不断发展的和谐发展理论。办学理念以激励全体师生追求并获得成功为价值导向，以尊重人的主体性、确立全面发展和自由发展相结合为教育前提，以发掘创造潜能、提升个体价值为教育重点，以发挥学生的主体人格，实现全体学生多元化、多样化发展为教育目的。其终极意义在于实现学生、教师和学校共同成功的三赢目标。

办学理念：让每一位学生走向成功

二、校训：宏志·励学·笃行

宏志：意为高远之志，诸葛亮曾劝勉人们“夫志当存高远”。苏轼的《晁错论》中说：“古之立大事者，不惟有超世之才，亦必有坚忍不拔之

志。”可见，学者须先立志，志坚事必有成，志不立，天下无可成之事。立宏大之志，才能成就卓越人生。

励学：意为劝勉学习，宋真宗在《励学篇》中，劝勉人们勤奋学习，“励学”就是要求为师者勤勉，为学者自勉，刻苦磨砺，为理想的实现，珍惜青春、把握现在，着力培养自主学习、自我发展和自我管理的能力，铸就毕生事业的基础。

笃行：意为脚踏实地、一以贯之地实践。出自《中庸》名言：“博学之，审问之，慎思之，明辨之，笃行之。”“笃行之”即是一种“知行合一”的人生体验，也是一种诚毅勇敢的精神体现，要求我们立足实际，为“宏伟大志”着力、用力、勉力，不畏难、不惧险、不懈不挠地奋斗。

“宏志·励学·笃行”，要求为学者，必先树立宏伟大志，勤学自勉、刻苦磨砺，并不屈不挠地去实现自己的理想。校训反映了我校的优良传统与特色，又体现学校办学的理念追求和实现途径。六字校训既各自独立成意，各有侧重，又相互联系，浑然一体，涵盖了教育思想、科学精神、品格修养等各个方面，成为我校学生的座右铭。用校训精神指导我们的思想与言行，更加注重素质的提升，品格的塑造，精神的超越，心灵的净化，思维的创新，从而成就我们成功的人生。

校训：宏志·励学·笃行

三、校风：教学相长　情沐校苑

“教学相长”，是对学校教与学活动的要求，指通过教学，不但学生得到进步，教师自己也得到提高。它强调的核心价值在于围绕教与学的师生互动关系，实现教与学的互通有无，师生相互提高，“学”因“教”而日进，“教”因“学”而益深。

“情沐校苑”，旨在师生共同营造一种和谐、积极的校园文化，在以人为本、人文关怀的理念指导下，学校为师生创设和谐、舒畅的工作、学习环境，对教师尊重、理解、宽容、善待，对学生尊重、理解、赏识、激励。老师关爱学生，学生尊重老师，学生、教师、学校由此和谐发展。

四、教风：敬业爱生　博学善导

“敬业爱生”，是教师职业道德的基本要求。“敬业”是指教师要热爱并献身于教育事业。敬业的具体表现是：有高度的责任感、强烈的事业心和勇于创造的精神，要求教师以鞠躬尽瘁的奉献、任劳任怨的品格和兢兢业业的工作态度来实现。“爱生”即热爱学生。热爱学生是教师在履行培养学生这一职责时产生的崇高的道德情感。它突出体现在：教师通过辛勤的劳动，满腔热情地把知识技能传授给学生，通过自己的榜样示范作用，教会学生做人的道理。学校要求教师热爱学生的一切，热爱一切学生，要尊重、信任、激励和理解、包容、鞭策学生。

“博学善导”，是教师教书育人技能的基本要求。“博学”是指博学多才，具备广博的知识和较高的文化素养。教师不仅是一种行业，更是一种专业，要给学生传授知识本领，它要求教师建立广博的综合知识结构，不断提高自身的专业能力和专业品质，努力朝专业化方向发展，从而提高实施素质教育的实践能力和水平。“善导”是指教师要善于引导学生学会学习、学会做人。它要求教师要善于引导学生进入学科领域，激发他的学习兴趣，指导他掌握科学的学习方法，培养他综合的学习能力。教师同时担负着传道的责任，因此还要善于引导学生学会做人，做一个热爱祖国、热爱人民，有着强烈社会责任感的人。

五、学风：勤学善思　知行合一

“勤学善思”，是一个人成才的重要前提条件，是成功的基石。“勤学”，就是勤于学习，把握好学习方法，不断地刻苦学习，并努力做好每件事。“善思”就是善于思考，在勤学的基础上，把“学”和“思”结合起来。善于观察，通过观察发现问题，激发求知欲；善于思考，多阅读，养成思考的习惯，勇于挑战，敢于质疑；认真思考，自主学习，保持专注，勇于探索，勇于攻坚，求真解惑。

“知行合一”，是将知识与行动融为一体，知识是行动的基础，行动是知识的体现，并在知识与行动转化中，不断反思、总结，以达到知识的深入理解和运用。它是一个人成功的保障。它要求学生追求远大理想，坚定崇高的信念，从外到内修正自己，善于学习，与时俱进，学以致用，把所知与所行同步，身体力行担负起时代赋予的使命。

六、校标

三明九中校标（2005级学生李炀设计）

三明九中校标的整体造型如旭日东升，昂首向上，象征超越创新，追求成功，也是鼓励学子们泛舟学海，永无止境。内圆里由红色阿拉伯数字

“9”造型的图形和三本书构成，宛如一轮朝阳在海面上冉冉升起。红色代表着青春火一般的热情，寓意学校向上蓬勃发展的活力。“9”字造型不仅点明三明九中的学校名称，且形似逗号，象征三明九中的未来发展没有止境，不断向前。右下方的三本书既代表校园里书香氛围，展示着三个年段奋发向上的拼搏精神，也体现教育中学校、家庭、社会的三位一体。

附一

历任校领导（部分）

姓名	职务	任职时间
刘树林	教育革命领导小组组长、书记	1971 年 11 月—1973 年 10 月
郭兴文	校长、书记	1971 年 8 月—1977 年 7 月
黄至楚	副书记	1973 年 10 月—1978 年 5 月
	书记	1985 年 11 月—1990 年 5 月
林万喜	校长、书记	1977 年 7 月—1982 年 7 月
杨世庆	校长	1982 年 8 月—2002 年 1 月
张春风	书记	1982 年 10 月—1984 年 6 月 1984 年 12 月—1985 年 11 月
庄润泽	书记	1996 年 9 月—2002 年 1 月
黄达辉	书记	2002 年 1 月—2012 年 8 月
蔡书太	校长	2002 年 1 月—2022 年 1 月
魏润俊	书记	2013 年 1 月—2023 年 8 月
郭立龙	校长	2022 年 1 月—2023 年 8 月
	书记	2023 年 8 月至今
李　伟	副校长（主持日常工作）	2023 年 8 月—2024 年 9 月
	副书记、校长	2024 年 9 月至今

附二

大事年表

时间	事件
1984 年 10 月	学校迁至现址。
1992 年 1 月	福建省教委确认学校为福建省普通中学三级达标学校。
1998 年 6 月	从企业剥离，成为三明市教育局直属校，更名为“三明市第九中学”。
2001 年 9 月	福建省教育厅确认学校为福建省普通中学二级达标学校。
2002 年 7 月	面向全市招收首届宏志班学生。
2003 年 11 月	教代会审议通过《三明九中 2003—2006 年发展规划》，把办学目标定位为：省级文明学校、省内有一定知名度的福建省一级达标高级中学。
2004 年 4 月	学校食堂被福建省卫生厅授予“食品卫生等级 A 级单位”荣誉称号。
2005 年 6 月	在全校范围内征集校训、校标、校风、教风、学风，确定了“让每一位学生走向成功”的办学理念。
2006 年 5 月	福建省教育厅确认学校为福建省普通中学一级达标学校。
2006 年 11 月	学校被命名为三明市田家炳实验中学。
2006 年 12 月	学校被授予“福建省第九届文明学校”“福建省第四届军民共建精神文明先进单位”荣誉称号。 教代会审议通过《三明九中 2007—2011 年发展规划》，将学校发展定位为：五年时间内把学校办成特色明显、高质量、现代化并在省内具有一定知名度的省级示范性高中。
2009 年 5 月	学校首次以自主招考、择优录取的方式面向全市十二个县（市、区）招收宏志班和美术特长班各一个教学班的学生。
2009 年 8 月	学校被授予“福建省第十届文明学校”荣誉称号。
2010 年 6 月	福建省兴业慈善基金会与学校签署定向捐资助学项目协议，并将 2010 级宏志班命名为三明九中“兴证宏志班”。
2010 年 11 月	学校被授予“全国学校艺术教育工作先进单位”荣誉称号。

续表

时间	事件
2011 年 7 月	学校被授予“福建省第十一届文明学校”“全国青少年普法教育先进单位”荣誉称号。
2012 年 5 月	学校被授予“福建省五一劳动奖状”，同年 12 月学校被授予“福建省 2009—2011 年度德育工作先进学校”荣誉称号。
2013 年 10 月	学校被确认为“福建省科技教育基地学校”，同年 12 月学校顺利通过省级中小学示范图书馆的复查验收。
2014 年 4 月	“北京外国语大学 PASS 留学基地——三明九中分部”揭牌成立，同年 12 月学校被确认为“福建省第二批基础教育学科教学研究基地学校（美术）”。
2015 年 1 月	教代会审议通过了“三化”（教育教学管理规范化，办学模式国际化，教育理念、教育设施、教育手段现代化）、“三特”（教师有特点、学生有特长、学校有特色）、“三名”（名教师、名学生、名学校）学校发展新时期的战略定位。制定《关于开展学校社团活动的实施方案》，社团活动逐步课程化。
2015 年 6 月	学校被授予“福建省第十二届文明学校”荣誉称号。
2015 年 7 月	学校在市艺术馆举办“三明九中特色办学师生艺术作品展”。
2016 年 4 月	学校首届劲牌“阳光班”成立。
2016 年 6 月	学校牵头成立“闽浙赣三省高中美术特色教育联盟”，承办“福建省美术学科教学教研基地校 2016 年夏季工作会”。
2016 年 12 月	教代会审议通过《三明市第九中学 2016—2020 年发展规划》，把“尚美文化”确定为学校的核心文化。
2017 年 4 月	学校美术教研组被授予“福建省五一先锋号”荣誉称号。
2018 年 1 月	学校美术学科入选福建省首批普通高中优质学科课程项目。
2018 年 3 月	学校高分通过了省一级达标校复查，入选福建省首批示范性普通高中建设学校。
2018 年 7 月	学校被授予“福建省首届文明校园”荣誉称号。

续表

时间	事件
2018 年 8 月	学校举办第二届“向全市人民汇报”特色办学师生艺术作品展。
2019 年 9 月	学校举办建校六十周年华诞庆典活动。
2020 年 7 月	教育部确定学校为“普通高中新课程新教材实施国家级示范校”。
2020 年 12 月	学校承办 2020 届福建省高中毕业班教学工作暨推进高考综合改革会议。
2021 年 4 月	学校美术教研组被授予“福建省三八红旗集体”荣誉称号。
2021 年 4 月	学校被授予“福建省第二届文明校园”荣誉称号。
2021 年 6 月	学校党总支被授予“福建省先进基层党组织”荣誉称号。
2021 年 8 月	学校举办第三届“向全市人民汇报”特色办学师生艺术作品展。
2022 年 3 月	福建省教育厅确认学校为“福建省首批示范性普通高中”。
2023 年 8 月	组建三明九中美术特色总校，分校为大田二中、宁化六中。

第二章

特色教育　异彩纷呈

第一节　砥砺深耕美术班

一、探一条寻美路径

为了帮助更多的学生寻找到一条更适合自己的发展之路，让他们的人生之路走得更长远、更宽广，三明九中一直在育人前景上大胆设想，孜孜探求。

三明九中美术教师队伍

1998 年，结合学校学生的具体情况，三明九中踏出了寻美路上的第一步——在三明市率先开设了高中美术特色课程，并开办美术特色班。彼时，全校仅一个美术特色班，10 多个学生。由于没有相应的教学师资条件，在高三时，为了让学生更好地接受专业培训，三明九中与校外机构合作，共同培养学生。

二、辟一块育美沃土

2003 年秋季，在累积了数年的美术教育经验后，三明九中开展了美术课堂教学模式的改革试点工作，逐步扩大美术教育规模。

2008 年，时任校长蔡书太提出立足于“本土化”培养三明九中的美术特长生，即本校培养，不再与校外培训机构合作。高中三年，学生专业和文化课的学习可以全程在校内完成，既满足了学生由“零基础”——学生刚升入高中时，绝大多数没有美术专业基础，大都是在入学后才正式接触美术专业的，起步发展为个性化特长的需求，又通过“零收费”的方式——校内专业学习不收取任何费用，解决了专业学习费用高昂的问题。

蔡书太题词

在不断累积经验的过程中，学校美术教学的规模也在不断扩大。多年来，学校每届选择美术专业的学生都维持在六个教学班以上的规模。从高一开始培养，每年都有300多名学生录取到国内外高校美术类专业学习，录取院校包括中央美术学院、中国美术学院、湖北美术学院、广州美术学院、天津美术学院、四川美术学院、意大利佛罗伦萨美术学院、西班牙瓦伦西亚理工大学等国内外知名学府。近十年来，学校美术类学生专业、文化本科双上线人数以绝对优势列全省高中校第一。十年间，共有20名学生被中央美院和中国美院录取，36名学生被佛罗伦萨美术学院、库内奥美术学院和那不勒斯美术学院等世界名校录取。2019年、2020年，我校学生连续两年摘得省考专业成绩桂冠。

近十年美术专业学生考取院校名单（部分）

年份	录取学校	学生姓名
2013	中国美术学院	陈明桦、张博宇
	广州美术学院	王志斌
	西安美术学院	夏晓翔
2014	中国美术学院	王娜、池文锦
	西安美术学院	魏福仔
	天津美术学院	张其禹
	广州美术学院	黄源龙
	东北大学	冯格
	意大利那不勒斯美术学院	李文谱、邓祖贤、胡裔炜、郜璐璐
2015	中央美术学院	兰歆薇
	中国美术学院	乔可、罗旌存、曾明华、吴静雅、李汉唐
	西安美术学院	罗春瑶
	广州美术学院	沈明武
	中央民族大学	陈居三
	中南大学	严文佩

续表

年份	录取学校	学生姓名
	意大利佛罗伦萨美术学院	余雷勇、王德榕
	意大利那不勒斯美术学院	林楠靖之、黄世淼、张少瑜、王培旭、唐寅天、叶紫薇
	意大利乌迪内大学	陈如意
2016	中国美术学院	刘七一
	天津美术学院	严钧
	中央戏剧学院	吴佐榜
	中央民族大学	邓长睿
	意大利那不勒斯美术学院	黄尹峥、朱闽
2017	中国美术学院	官礼铭、连学治、张子宁
	意大利那不勒斯美术学院	范乐凯、吴世涓、许庚翔
2018	中央美术学院	卫茹慧
	中国美术学院	罗振鑫、石井鹏人
	湖北美术学院	张珂源
	鲁迅美术学院	吴宜蔓
	四川美术学院	吴琪乐
	天津美术学院	李泓、周欣仪
	西安美术学院	赵雅斯
	中央戏剧学院	傅祥久、吴国杰
	中央民族大学	王丽云
	意大利佛罗伦萨大学	蔡丰、蔡晓月
	意大利那不勒斯美术学院	吴铭潮
2019	中国美术学院	陈璇、叶欣虹、洪文姝
	广州美术学院	李文豪
	天津美术学院	饶龙靖
	景德镇陶瓷大学	王诗仪、蔡怡婷、林柯、魏春燕

续表

年份	录取学校	学生姓名
	意大利威尼斯美术学院	鄢凯
2020	广州美术学院	吴应达
	中国美术学院	罗林娜
	中央民族大学	蔡雅欣
	华南师范大学	姜莉
	福州大学	余铖、李若帆
2021	天津美术学院	陈友谅
	福州大学	朱钰婕、谢尚鲲、吴雨薇、张明川
2022	中国美术学院	吴心儿
	广州美术学院	曾代明
	天津美术学院	黄灿畅
	四川美术学院	李焰
	湖北美术学院	肖桐、陈诗语
	中国地质大学	黄裕峰
	上海大学	杨艺茹
	福州大学	余心悦
	广西艺术学院	黄柯珉、苏宇乾
	景德镇陶瓷大学	廖丽欣
	巴塞罗那自治大学	杨毅涛
2023	四川美术学院	王若诗、吴联煌、吴诗遥、王昕语
	广州美术学院	张海天
	鲁迅美术学院	赖豪悦
	中国美术学院	吴芮宇
	福州大学	张佳涵、冯艳妃
	天津工业大学	朱丽英
	河南大学	郑婷婷

三、筑一片塑美园圃

在美术特色教育的实践与研究中，学校先后提出了阶梯式的建设目标。继 2008 年提出美术特长生“本土化”培养后，2010 年，提出美术教育实施“校本化”策略；2011 年，推进美术教育“精细化管理”；2013 年，构建美术教育“三课联动”机制；2014 年起，提出美术教育逐步走向“国际化”；2015 年，提炼以“尚美”为主题的学校文化，并首次提出将美术教育“由学校特色转化为特色学校”目标。

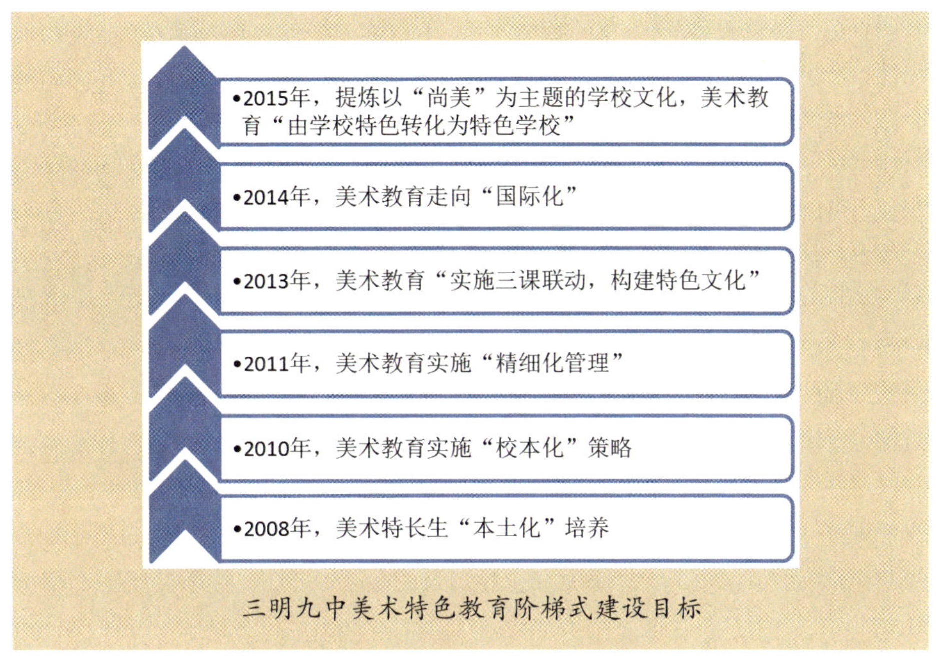

三明九中美术特色教育阶梯式建设目标

“校本化”，即开发校本课程资源。遵循“以校为本，因材施教，分层教学，分类推进”的教学策略，开发使用校本读本。三明九中通过学科集体备课活动，对必修和选修模块的教材、教辅进行深入研究，组织编写相应讲义和作业，并编辑成本，形成各学科的校本读本，同时开发《美术鉴赏》《素描》《色彩》和《速写》等美术专业的校本读本，开发社团课程的校本读本。

经过精心策划、分项研究，学校美术组的教师们将国家高中美术课程的“美术鉴赏”“绘画·雕塑”“设计·工艺”“书法·篆刻”和“现代媒体艺术”五个模块，分解并划分为普及型、专业型和拓展型三类课程，其中，普及型课程设置鉴赏、素描基础、书法、动漫等科目，专业型课程设置素描、色彩和速写科目，拓展型课程则以绘画、设计、书画、工艺、篆刻、媒体等类别分设科目，形成了“必修与选修兼容、普及与提升并蓄、素养与能力共存”的美术课程体系。

三明九中美术课程设计方案

美术组的老师们为学生编著了一系列的校本读本。以备课组为单位，发挥教师个人专长，对普及型、专业型和拓展型的各科目课程，进行分门别类的研发，编制科目课程标准、学时计划、学分安排及评价方案，编排素养提升、教学演示与课后练习等专业素材，形成校本读本。目前为止，已开发了《美术鉴赏》《素描》《色彩》《速写》《设计基础》《平面设计》《黑白装饰设计》《工笔花鸟》《动漫》《书画》《陶艺》《手工》《装饰插画》《版画》《光影摄影》《国画》《毛笔书法》等23个门类的校本读本，形成了系统的美术校本课程资源。

这些资源的开发，在文化研究、文化解读、文化梳理的基础上活化美术课程，有效改善长期以来美术课程在中小学处于边缘学科的状况。实现区域乃至全国中小学美育优质校本课程联动，并在此基础上建立交流平台和资源智库，让教师在进行课程设计和实践教学时，有学习、有对话、有参照、有借鉴，同时实现个人智慧、学校智慧的快速分享。丰富多彩的校本化实践，让美术教学“突围”的同时，也让中华优秀传统文化的精神价值得到更为全面的发挥。

2011 年 3 月，学校开始实施美术教学“精细化管理”。建立健全美术教学规章制度，进一步明确目标、责任。做到美术教学有计划、有检查、有落实、有奖惩，把小事做细、细事做精。

“三课联动”，即构建基于美术教育教学的课程、课堂和课题的联动机制，用于指导和规范教师的教学实践、课程开发和课题研究等工作。通过校本教研和集体备课，着力提升美术教师校本课程的开发能力，提升美术教师校本作业的编制水平；通过课堂教学改革的实施，着力提升教师“小组合作”的执教水平，提升教师信息技术与学科教学深度融合的能力；通过课题研究，着力提升教师的专业水平，提升教师的科研能力。

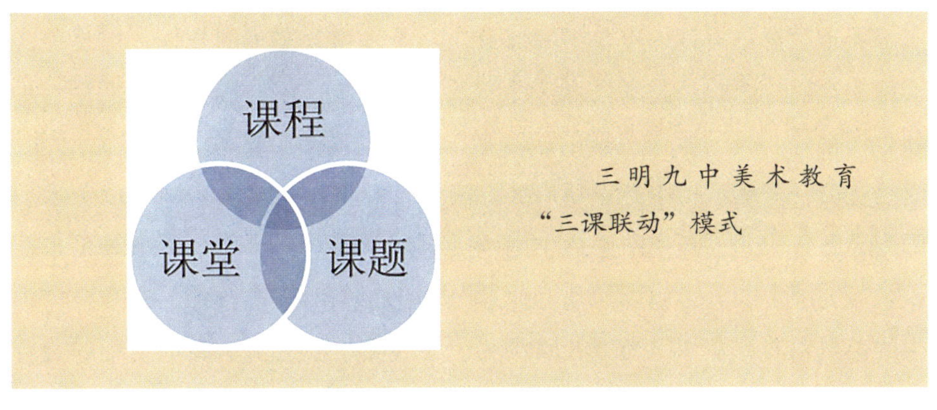

三明九中美术教育“三课联动”模式

美术教育走向国际化。2014 年，学校和北京外国语大学开始合作办学，开设中意“国际班”和“留学直通车班”。同年，首届“留学直通车班”学生全部顺利入学意大利那不勒斯美术学院等高校。2015 年 6 月，意大利那不勒斯美术学院卢卡教授、北京外国语大学留学项目负责人苑心欣主任等一行到三明九中面试招生，并对参加面试的学生给予了高度评价。此后，意大利高校和北京外国语大学相关人员每年都会到三明九中面试国际生。至此，学校优质的美术教育师资和北京外国语大学教育教学最优资源配备，真正实现了“成功地走出去，走出去能成功”的国际化办学理念。之后学校又组建西班牙语班、日语班等，三明九中美术特色教育有了更广阔的发展空间！

美术教育在三明市第九中学焕发出了多层级、多形态的生机与魅力！

2014 年 10 月，外教 Galus 在三明九中授课

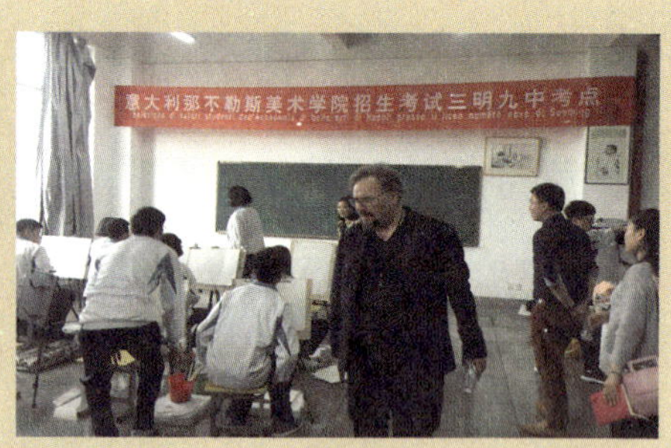

2017 年 4 月，意大利那不勒斯美术学院 Pellegrino 教授到校招生

美术教育是美育的重要组成部分，它既是美育实施的载体，也是美育实施的途径。因此，美术教育除课堂教学外，学校还拓展了教学途径，更新教学形式，通过形式多样的教育教学活动，实现以美育人的教育功能。学校在高一全体学生中开设每周 2 课时的普及型课程学习，同时以美术教师为导师，成立了师生的素描、国画、书法、陶艺、手工、摄影等美术社团，开展师生的美术培训活动。通过全员化的美术普及教育，提升全体师生的美育素养，使“崇尚美、欣赏美、实践美、创造美、展示美”的美育精神内化为全校师生共同的价值取向和信念追求。美术教研组将拓展型课程全部提供给学生，实施特色课程的选课走班教学，每学期经选课整合后，可在各年段开设 20 门左右每周 2 课时的美术类选修课。学生通过各式各样的校本课程选修，发展特长，彰显个性，在全面发展的同时，实现个性品质和能力的发展。

学校在学生美育创新实践的过程中重视场景化教学。场景可以是校园环境，也可以是教学环节中的一个特定场景，或是家校互动的场景。从场景中寻找问题，设计学科融合的课程，将美术实践活动与学生的“自主学习，探究合作”相结合，以“项目式学习”的方式开展美术专项活动（如年度“校园艺术设计大赛”“主题绘画大赛”“美术户外写生”“社团成果展演”“校园文化涂鸦墙”等），通过“提出问题”“规划方案”“解决问题”和“评价反思”等环节的实施与体验，既达到“主动探索现实问题、获得更深刻的知识和技能”的教学目的，又实现“提升学科核心素养”的美育目标。

美术班每年组织两次户外写生活动

美术教研组将美术教育活动延伸至校外，每学期开展户外写生活动，让学生走进生活、走进大自然，去体验、吸取大自然的美育元素，去感受美、发现美、鉴赏美和创造美。同时，将艺术服务于社会和大众，到福利院教小朋友画画，到社区进行公益美术作画和文艺演出。

美术组老师对学生进行户外写生指导示范

学校每三年在三明市艺术馆，定期举办以“向全市人民汇报”为主题的大型市级美术作品专项展示活动，每次展出师生美术类作品 500 多件，获得良好的社会效应，赢得广泛的赞誉。

2015 年 7 月，三明九中首届师生艺术作品展在三明市艺术馆举行，吸引了众多市民前往参观

三明九中师生、校友参加各项活动、比赛的部分艺术作品（一）

三明九中师生、校友参加各项活动、比赛的部分艺术作品（二）

第二节　履践致远宏志班

一、扶贫助弱创品牌

为落实我市的扶贫政策，为民办实事，学校于2002年创办了“宏志班”。截至2016年，共招收了15届655位宏志生。宏志生入学后，学校成立了宏志班工作领导小组，建立“宏志班奖学助学基金”，免除宏志班学生三年的学费、住宿费等，并且制定了一系列的宏志班管理制度。在思想上开展“五个坚持”教育（爱党爱国教育、艰苦奋斗教育、心理健康教育、自尊自强的人格教育、感恩教育），在学习上开展“四个强化”工作（强化教学目标管理、强化学法指导、强化帮扶结对、强化培优培尖）。双轮推进，把“宏志班”做成品牌项目，办实，办好。

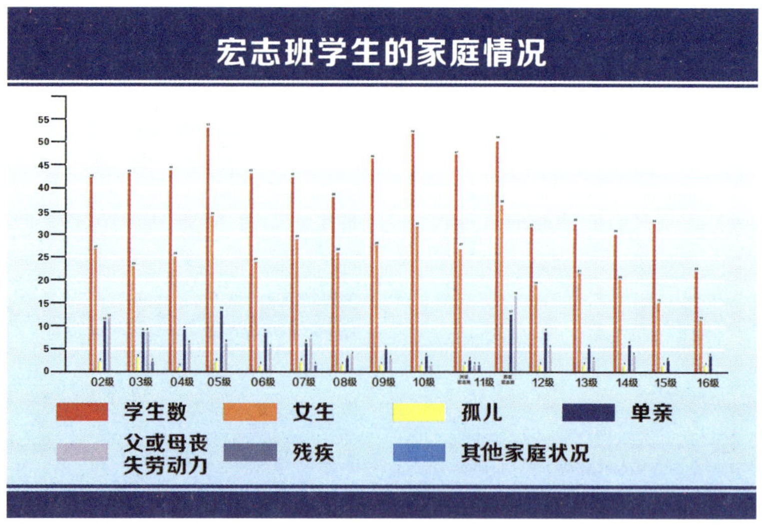

2002—2016级宏志班学生家庭情况

二、宏才远志展硕果

多年来，宏志班的同学没有辜负大家的期望，他们以“特别有礼貌，特别有纪律，特别能吃苦，特别会感恩，特别有志气，特别有作为”的“六个特别”为班训，表现良好，进步迅速，在校内外树立了良好的形象。历届宏志生，在省会考中，所有学科的优良率均达100%，其中有46人在全国数学、生物、英语联赛中分别获得二、三等奖；有87位同学被评为省、市级三好生和优秀学生干部；多届宏志班都被评为省、市级“先进班集体”；还有280多位宏志班毕业生获得省“庄采芳·庄重文奖学金”“全国田家炳中学优秀毕业生荣誉奖”“黄如论先生专项助学金”及校奖学金等；有46位同学被学校党组织列为重点培养对象，2位同学光荣地加入了中国共产党。高考上线率为100%，本科上线率为96.2%。宏志生在高校也得到了很好的发展，半数以上的同学是学生干部，毕业生跟踪统计显示宏志生共有硕士研究生69人，博士研究生11人，首届宏志生李伟金同学现就职于德国慕尼黑工业大学，林起蓥同学现就职于西安交通大学。新华社、福建电视台、三明电视台、《中学生时代》杂志、《福建日报》、《三明日报》等多家媒体先后报道了学校宏志班同学的事迹。宏志班成为三明教育界一道亮丽的风景。

三、知疼着热送温情

许多宏志班学生的家远在县城，交通不便，遇到中秋、端午等节日无法回家与家人团聚。为了不让这些学生感到失落，学校组织各种活动，让宏志班的学生感受家的温情。

2014 年，宏志班文艺表演——合唱《隐形的翅膀》

宏志班的创办，也受到社会各界人士的关注与资助。兴业证券公司、林立房地产公司等社会团体和个人给予了宏志班学生无偿的资助，市老干所、军休所等单位也与三明九中宏志班学生进行帮扶结对，在生活、学习上予以长期的帮助。

2011 年，市关工委到学校开展宏志班座谈会

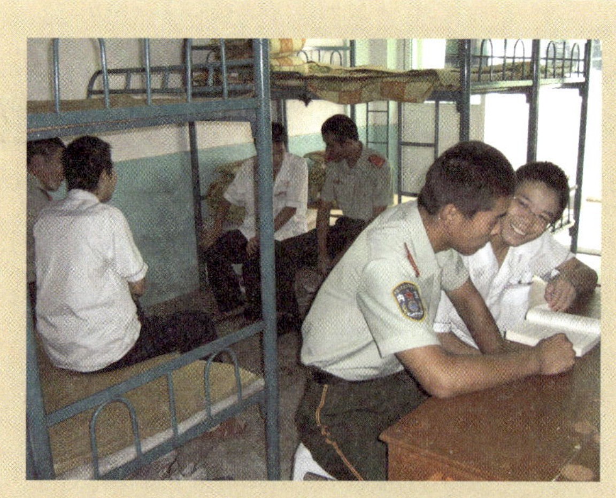

2010 年 4 月，市武警中队战士到宿舍与宏志班学生交流谈心

新华社等新闻媒体对宏志班的报道

四、知恩图报传爱心

感受着各界人士的关爱，宏志班的学生不负众望，践行着校训、班训，成为学校的标杆。无论是学习还是集体活动，他们都要求自己做到最好。“宏志”二字，激励着自己，也鼓励着别人。

宏志班学生日常上课

宏志班学生清明节祭奠先烈

因为自己淋过雨，接受过他人递过来的伞，所以他们更愿意将这一份恩情接续下去。看望福利院的儿童、帮困难户家庭打扫庭院……面对这些没有回报的志愿者活动，他们带着感恩的心，从不推辞。进入宏志班，他们收获的不止是学习机会，更是传递人间大爱的品质。

宏志班学生到福利院、社区开展志愿活动

由于时代的变迁，宏志班已经不再组建新的班级。但“宏志”精神不会因此而散佚。曾经唱过《隐形的翅膀》的每一位宏志班学生，都会带着“宏志”精神开启一段又一段的人生新旅程。现在，他们有人成为了科学界的孜孜学者，有人献身祖国的国防事业，有人躬耕于教坛，有人成为了白衣天使……不管何种职业，“宏志”精神都将深深地刻在他们的骨子里。而三明九中也不会忘记，曾经有这么一群学子，激荡起了校园的活力，也给周围的同学带来了精神力量。双向奔赴的教育教学，无疑是九中办学路上一次温暖又美好的遇见！

第三节　芳华待灼阳光班

一、“劲牌”助创阳光班

2016 年 9 月，经三明市教育局批准，学校与劲牌有限公司合作创办的“劲牌阳光班”成立。每学年学校在正式录取的高一新生中筛选出 50 名家庭经济特别困难、品德学习表现特优、文体艺术特长突出的学生为“劲牌阳光班”学生，劲牌有限公司负责为他们提供资助资金，学校负责受助学生的教育教学管理。

2016 级阳光班开班仪式合影

二、优化管理提素质

学校在教育教学上围绕“优化综合素质提高，优化潜能特长培养，优化习惯养成教育机制，优化道德感恩提升，优化动态管理实施”这“五个优化”规范“劲牌阳光班”管理。

阳光班素质教育在课堂。全体任课教师积极推进课堂改革，以“问题探源”模式为中心，更新教学观念。让学生成为学习的主人，积极地发现问题，解决问题。培养学生有效思考的能力、清晰地沟通思想的能力、做出合适明确判断的能力、辨识普遍性价值的认知能力。学校为阳光班配备优质教学设备，借助先进教学手段，引导学生探究知识，激发思维。在阳光班的课堂上，师生们感受到和谐民主活跃的气氛，务真求实上进的品质。学生也不负众望，在各级各类考试中取得了较好的成绩！

三、播撒阳光显爱心

阳光向大地播下爱，万物才显得生机勃勃，社会因爱心才变成美好的人间。因为这种爱的撒播，学生以实际行动来表达他们的感恩之心。他们感恩老师，感恩学校，感恩社会。阳光班许多学生自愿加入志愿者服务活动群，并利用有限的课余时间参加相关志愿者活动，如前往市福利院看望孤寡老人，照看孤儿及残障儿童，帮助他们打扫卫生，陪他们聊天，用自己的实际行动来回报社会。

四、迎着阳光逐梦行

校园的圈子之外，还有更广阔的天空。阳光班的研学活动，不是沿途看看风景，而是在前行中，拥有了心境的变化和丰富的经历，以此让自己的青春更加不平凡。

2019 年暑假，阳光班开展研学活动——参观国家博物馆、卢沟桥，在居庸关集体诵读

少年们的脚步，逐梦而行，永远不败。三明九中第 31 届运动会上，阳光班少年的步伐整齐，意气风发。

2016 年，三明九中首届阳光班学子身着汉服，参加学校运动会开幕式入场演出

学校在突出阳光班思想素质教育的同时，也努力培养同学们的综合素质。

2017 年，阳光班华龙桢同学（右四）参加国际青少年创新设计大赛中国区复赛获得二等奖

2017 年，阳光班上官碧丽同学（左二）参与作品《滴血验亲》的制作。该作品摘得“第八届全国青少年科学影像节一等奖”，同时荣膺“科学万花筒最佳作品奖”“科学万花筒最佳剧本奖”“万花筒最佳表演奖”等多个奖项

教育之路任重道远，但我们相信，只要在前行路上心怀阳光，那么“立德树人”的大树就一定能更加根深叶茂。而那些曾经被阳光精神温暖过的学子，也将带着一颗赤诚的感恩之心，在未来成为一束光，传递

能量！

五、沐浴阳光知感恩

阳光下，他们自信自律，玉汝于成。青春的奋斗从一点一滴开始，创造了属于他们的辉煌。他们之中，有陈璇同学在中国美术学院招生考试中，以 227 分获得全国图像与媒体艺术类第一名，又以 276 分摘得福建省考专业成绩桂冠；有陈瑜靖同学，考取了国家二级运动员证书，并多次在福建省中学生联赛、三明市中小学生羽毛球联赛中获得佳绩；有上官碧丽同学，参与作品《滴血验亲》的制作，该作品摘得“第八届全国青少年科学影像节一等奖”，同时荣膺“科学万花筒最佳作品奖”“科学万花筒最佳剧本奖”“万花筒最佳表演奖”等多个奖项；还有华龙桢同学，获得“第 32 届福建省科技创新大赛三等奖”“国际青少年创新设计大赛中国区复赛二等奖”。优秀，源于拼搏，灿烂，因为在阳光下汲取了力量！

2019 年，三明九中首届阳光班学生毕业了。50 名阳光学子在高考中取得了可喜的成绩，交出了漂亮的答卷。为了弘扬阳光班感恩文化，弘扬学校尚美文化，在阳光学子即将踏上大学新征程的季节，首届阳光班举办了“不忘初心，感恩阳光”开启大学新征程活动，分享高中三年奋斗青春的收获与喜悦，吹响阳光学子大学新征程的前进号角！

在奔赴大学征程的仪式上，他们身着代表热情活泼的红色 T 恤，前胸是劲牌和九中的标志，背后是“心怀感恩 · 播撒阳光”的信念。作为阳光班学子，对母校九中、对阳光班，都有特别深厚的感情。带着这一份情感，他们相信，每个人都可以通过自己的方式，回馈社会，报效祖国。未来的他们，可能会是老师、工程师、设计师……但不管是什么职业，他们永远都是劲牌阳光班的人，他们都会继续将这份爱心传递下去！

第四节　玉盘落珠音乐班

基于学校的办学特色，依据学校“以学生发展为根本，以基础课程为核心，以拓展课程为突破，以能力培养为导向”的课程设计思路，音乐组构建了音乐学科“以美育人，以艺育才”的课程理念，课程设置以“基础知识基本技能＋审美体验＋艺术专项特长发展”为目标，实现立德树人根本任务。

三明九中音乐舞蹈教师队伍

一、音乐课程的合理建设

开设“音乐鉴赏”必修课，提升全体学生赏析优秀音乐作品的基本能力，引导学生对崇高人文精神的追求；开设“歌唱”“音乐与舞蹈”“音乐与戏剧”选修课程，让学生在综合音乐艺术实践活动中，体验更丰富的音乐艺术表演课程，深化学生的音乐内涵，促进学生综合素质的发展；开设“声乐基础课”“视唱练耳课”“基础乐理课”“形体课”等音乐艺考生专业课程，对有音乐特长的学生进行专业培养。

二、优秀社团的引领呈现

丰富的校园艺术活动是学生全面发展的一个标签。各类音乐艺术活动既丰富了校园艺术文化生活，也给学生提供了形式多样的课程类型，满足学生更为个性化的发展需要。在学校开展的社团活动中，音乐组积极开展器乐、合唱等多项活动，为更多的学生创造更广阔的艺术发展空间。

学校器乐社日常排练

学校合唱社日常排练

1. 组建民族管弦乐团

2017年9月，省教育厅在全省中小学（含中等职业学校）遴选确定100个学生乐团作为全省中小学学生乐团培育建设项目培育对象，培养学生在校期间爱好一门艺术，掌握一项艺术技能，让学生真正成为审美活动的体验者、参与者，努力实现学校美育和校园文化美育环境建设的提质升级与健康发展。三明九中民族管弦乐团有幸通过遴选，被确定为民族管弦乐团培育对象之一。

三明九中民乐团自建团以来，本着热爱音乐、弘扬民族音乐文化的艺术精神，带领着同学们从校园走向更高的舞台。近年来，乐团的古筝三重奏《天山之歌》获得市第六届中小学艺术节中学组一等奖，民族管弦乐合奏《山丹丹花开红艳艳》获市第七届中小学艺术节中学组一等奖、省三等奖，管乐合奏《白毛女》获市第七届中小学艺术节中学组二等奖。2021 年 11 月，民乐合奏《敦煌新语》在校社团电影节上首演，获第八届市中小学艺术节中学组一等奖；在福建省大剧院的音乐厅参演，获得省中学组二等奖。2022 年 11 月，民乐小合奏《山语·幻》在全市中小学生器乐专场比赛中获一等奖。

2021 年 11 月，民乐合奏《敦煌新语》在福建省大剧院的音乐厅参演，获省中学组二等奖

2022 年，民乐小合奏《山语·幻》参加“喜庆二十大·筑梦新时代”三明市 2022 年中小学生器乐展演

2. 成立“春之声”合唱团

“春之声”合唱团是学校重要的音乐社团，由各班爱好声乐的同学组成。合唱团的同学们在一次次的排练和活动中，学会了聆听，懂得了合作，掌握了歌唱技巧，提升了音乐审美能力及表现力。

近几年排练的合唱作品《贝加尔湖畔》《鸿雁》获福建省第六届中小学生艺术节中学组三等奖、市一等奖，表演合唱《飞来的花瓣》获市第六届中小学生艺术节表演合唱中学组一等奖，合唱作品《祖国永在我心中》获市第八届中小学生艺术节中学组一等奖。

2017 年 11 月，合唱节目《传奇》在 2017 年三明市中小学生合唱比赛中获二等奖

2018 年 11 月，合唱节目《贝加尔湖畔》获三明市第七届中小学生艺术节（合唱专场）二等奖

3. **创建器乐社**

器乐社同学设计“欢庆”主题打击乐节奏，为学校教师表彰活动烘托气氛，呈现学生在社团学习后的学以致用。

器乐社同学设计“欢庆”主题打击乐节奏，在每年的教师节表彰会上演奏

4. **校园艺术角活动**

一架三角钢琴再加上音响，就可以让歌声飞扬，音乐流淌。课间和放学后，在这里弹奏一曲，成了同学们放松身心、陶冶情操的美好小时光。这个小小舞台，给足学生自信，让高雅艺术萦绕着校园。借助这个舞台，有“班主任节”时各班同学向班主任传递的感谢；也有高考前夕，同学们开展的“加油·高考”活动，用青春洒脱的歌唱、朗诵等方式为高三学长学姐们加油助力！

艺术角日常

三、出谷黄莺展歌喉

为加强区域交流合作，提升课堂教学能力，共享艺术教育成果，2021

年 11 月，“闽浙赣桂鄂蒙”六省第五届高中艺术特色教育联盟高峰论坛在三明九中顺利举办。学校在演艺厅隆重举行了艺术教育汇报演出，为来宾们献上一场高品位、高品质的视听盛宴。歌声高亢，舞姿曼妙，乐声激昂，鼓声雷动，古筝重奏《盛世中华》、群舞《鲁艺芳华》、男声小组唱《我的中国心》、笛子独奏《红高粱叙事曲》、萨可斯独奏《海鸥》、男声小合唱《我的太阳》、钢琴独奏《春舞》、大合唱《祖国永在我心中》，音乐类社团和音乐舞蹈班同学表演的每一个节目都展现着艺术的灵动与青春的热情，受到来宾们的高度评价。

2021 年 11 月，“闽浙赣桂鄂蒙”六省第五届高中艺术特色教育联盟高峰论坛上的精彩艺术教育汇报演出

2021 年 12 月 11 日，福建省留学生同学会三明分会举办的《万国讲堂》系列学术公益课堂活动，走进三明九中，为师生展示留学生风采，树立榜样励志形象。

活动邀请了王宏、梁思宇、杨婧颖等三明学院音乐专业的海归教师担任嘉宾。几位老师分别开设《漫谈俄罗斯留学》《旅欧三年——带你走进德意志》《意大利歌剧之乡求学考研生活》等讲座，为同学们介绍音乐专业、留学准备等知识，也分享了德国、俄罗斯、意大利等国家的风土人情、教育制度等见闻。在场同学充分领略了不同国家的风情概貌与教育特色。

2021 年，2011 届毕业生梁思宇留学德国后，回母校开设讲座

四、繁弦急管满庭芳

音乐，让我们向着美的方向生长。音乐组组长李晓群老师说，越是有职业素养，越能教学相长。作为一名传播美的音乐教师，是知识的传播者、学生思想的引领者，更是在音乐中感悟真善美的洞察者！近年来，音乐组课例“高山流水志家国”“巴赫”获评省级“优课”，“高山流水志家国”获省“美育”课专项奖，课例“音乐中的家国情怀”入选 2021 年福建省“中小学学科德育精品”项目，“中国民族民间舞”获评 2022 年部级“基础教育精品课”，微课“走进古琴”获市一等奖。

历年来，想通过音乐实现大学梦想的同学，有的考上了中央戏剧学院、天津音乐学院、四川音乐学院、武汉音乐学院、沈阳音乐学院、星海音乐学院、浙江音乐学院、广西艺术学院等国内知名音乐艺术高校，有的考上厦门大学、福建师范大学、福州大学等综合性大学的音乐专业。

近年音乐类考生录取院校名单（部分）

姓名	录取院校
叶元源	西安音乐学院
严思怡	星海音乐学院
洪　昊	福建师范大学
魏克林	福建师范大学

续表

姓名	录取院校
鄢柏寒	厦门大学
陈闻迪	福建师范大学
黄雅祺	广西艺术学院
黄培原	四川音乐学院
赵鸿凯	浙江音乐学院
林　好	天津音乐学院
魏雨欣	沈阳音乐学院
苏宇乾	广西艺术学校
邓　益	星海音乐学院
邓　捷	西安音乐学院
钟祯意	福州大学

第五节　摇曳生姿舞蹈班

舞蹈能够丰富学生的艺术体验，让学生形成健康向上的审美情趣，对促进身心发展具有重要价值。可以说，舞蹈是高中音乐教育不可或缺的部分，与其他艺术类教育一样，皆属于美育教学。

一、多一片土壤让种子发芽

每个学生都是独立的个体，都有其独特性，正如这句话所说："每个学生都是种子，只是他们的花期不同，有的花一开始就绚丽绽放，有的花，却要耐心等待。有的也许永远开不了花，因为他是一棵参天大树。"基于学生发展的特点，学校开设"音乐与舞蹈"选修课，同时立足校本培养，制订规范化的舞蹈校本课程，将舞蹈美育融入教学，在全校师生中普及舞蹈教育。另外，注重个性发展，在日常授课中挖掘具有舞蹈潜力的学生组建舞蹈艺考班，为学生提供更多元的发展平台。

舞蹈生在校日常排练

二、多一扇窗口就多一束阳光

1. 窗口一："音乐与舞蹈"选修课

学校结合实际情况，开设以欣赏课和排演为主的"音乐与舞蹈"选修课。在教师的带领下，学习舞蹈美育知识，感受舞蹈的动作美。引导学生参与舞蹈创作，发挥学生的创新性，激发学生对于舞蹈的热爱。

舞蹈课程的引入，也为学生提供了释放精神压力的途径。古典舞蹈的优美、芭蕾舞蹈的典雅、民族舞蹈的多元性以及现代舞蹈的个性与自由，都在不同程度、不同层面上，给予学生愉悦的享受，不仅从身体上促进学生健康成长，更能提高学生的精神层次。

舞蹈鉴赏课日常上课

2. 窗口二：舞蹈社团

学生社团的创办和校本课程的实施是校园文化建设的重要组成部分。学校舞蹈社团的发展经历了量与质的变化，从最初的 10 人团队，扩大到当前的 40 人规模，学生从动作僵硬、不规范到如今的独立表演与舞蹈创作。学生既可以完成独立的表演，也能够与教师一同完成舞蹈作品，并在各级各类比赛中均有不俗的表现。可以说，舞蹈社团已然成为学校的重要名片之一。同学们在相互学习和交流的过程中，组织能力、团队建设能力得到了很好的锻炼，在各类文艺汇演和比赛中，提高了舞蹈专业能力和舞台表现力，促进了身心和谐、全面、健康发展。

舞蹈社团在各类活动中的演出

2023 年，舞蹈社团拍摄“劲牌”公益视频从参评的 6000 多个视频故事中脱颖而出，荣获最高奖“特别奖”

舞蹈社团的成员由艺考生和非艺考生共同组成。根据学生的不同基础层次，社团分为两支舞蹈队。教师因材施教，进行梯度培养，根据学生基础、接受能力等特点专门编写了《舞蹈》校本读本，在教学中运用口传身授、情境教学等方法，陶冶情感、寓教于乐，深化舞蹈动作学习的同时，协调学生肢体，塑造优美形体，促进学生的全面发展。

2022 年，舞蹈社在校艺术节中演出

3. 窗口三：舞蹈艺考班

学校设置了相应的舞蹈训练课程，包括了多方面的内容：高一主要以基本功训练为主，尤其侧重身体软开度。高二高三，则进行稍有难度的“跳、转、翻”等技巧训练，对于软度与身体控制能力也有进一步的训练。开设古典舞、民族民间舞课程并根据学生的具体接受情况选取部分组合进行教学，锻炼身体协调能力；开设舞蹈欣赏课，通过欣赏来提高学生的艺术鉴赏能力，引导学生体验美、表现美、评论美；开设剧目表演课，引导学生体验角色表演的趣味性和创造性，激发舞台表现力。

经过不断的努力，近年来学校的舞蹈艺考生全部考入舞蹈专业院校或综合类大学舞蹈学院，甚至将舞蹈作为未来一生的职业，在更大的舞台上展示自我。

舞蹈艺考生日常练习

三、教学成果的初步展现

学校舞蹈教师致力于高中舞蹈教学实践与研究，“中国汉族民间舞蹈”被评为部级基础教育精品课，课例“传统文化视角下音乐与舞蹈课《秦俑魂》的德育渗透”被评为省级德育精品课。2018 年以来，学校舞蹈社团群舞节目《且吟春雨》《心声》《平凡力量》连续 4 年获三明市中小学生艺术节舞蹈展演中学组一等奖，《鲁艺芳华》获中学组三等奖。其中《且吟春雨》《平凡力量》参加福建省中小学生艺术节舞蹈展演获中学组三等奖。独舞、双人舞节目《黑眉毛的姑娘》《安徽花鼓灯组合》等 6 个节目获三明市单、双、三舞蹈选拔赛二金一银三铜好成绩。学生们还利用所学知识在课余时间指导教职工开展舞蹈活动，带领老师们一起快乐舞蹈，健康运动。这些活动的开展不仅使学生的舞蹈基本功更扎实，更重要的是通过丰富多彩的校园舞蹈活动，促进学生的全面发展。这样的教学模式更好地为美育和素质教育服务，同时也为舞蹈艺考生的专业省考打下坚实的基础。近 3 年来，学校舞蹈艺考生省考过线率达 100%。

2021 年，舞蹈节目《平凡的力量》在三明市第八届中小学艺术节上展演

舞蹈美育是实现素质教育的重要途径，相信三明九中的学子们通过“校园舞蹈美育”这个跳板飞跃上升，享受过舞台上自由舞动的酣畅之后，登上任何平台都会更加积极自信。

第三章

尚美文化　芳香满园

第一节　拓展“尚美”天地

一、构建美育大格局

三明九中将“尚美”确定为学校文化建设的主题，2020 年，提出“三全”美育思路，通过实施“五美”（建设尚美校园、开发尚美课程、构建尚美课堂、塑造尚美教师、培养尚美学生）工程，打造学校“尚美”文化，建构培养师生美育意识、美育思维、美育能力“三位一体”的“353”美育大格局，提升学校的核心竞争力。

学校秉持这一理念，走特色发展之路，积淀并形成“尚美”文化。在未来的道路上，“尚美”文化也必将被赋予更多的内涵，为学校的育人工作源源不断注入强劲的活力！

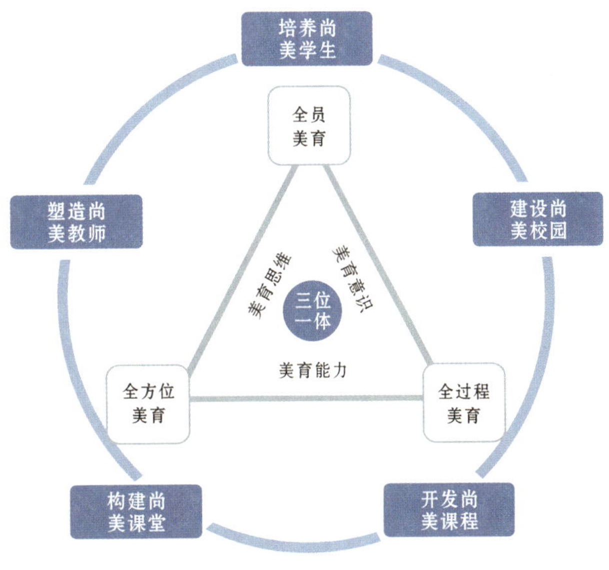

三明九中“353”美育大格局

2019 年，学校开展的百人汉字书写大赛现场

二、立体美育：以美融通，五育并举

以社会主义核心价值观为引领，以立德树人为根本任务，基于学校美术办学特色，以美联动“德、智、体、劳”，以德育融美、学科育美、艺体修美、劳动悟美来支撑美术课程教学体系，形成“以美融通，五育并举”的立体建构。

三明九中的“立体美育”模式

三、三全美育：全员育美、全过程育美、全方位育美

以全体教师、学生为主体，所有学科课程浸润美育教学内容，构建了由课程学科美育、专业美育、社团活动美育、环境美育、创新实践美育组

成的美育课程体系。在高中三年中，建立“全过程”梯度化美育实施机制。遵循美育规律和学生成长发展规律，对应培养学生的审美感知力、实践力和创造力，梯度育美，全程浸润。

第二节　完善“尚美”课程

根据《普通高中课程方案（2017 年版 2020 年修订）》和《三明市课程实施方案》，学校重新修定了《三明市第九中学课程发展规划（2020 年 9 月修订）》。该规划以社会主义核心价值观为引领，以立德树人为根本任务，以学生发展核心素养为指导，以“大课程”观、“课程育人”观为理念，基于“尚美”学校文化，明确了以“校本化”“特色化”“多元化”和“立体化”为学校课程建设的基本原则，建构基础性、艺术性、国际性、发展性和共创性等五个课程群为支撑的“尚美”课程体系，建立基于必修、选择性必修和选修的学校课程开设体系，将选修课程划分为学科拓展系列、艺术特色系列、外语系列和校本选修系列等四类课程。

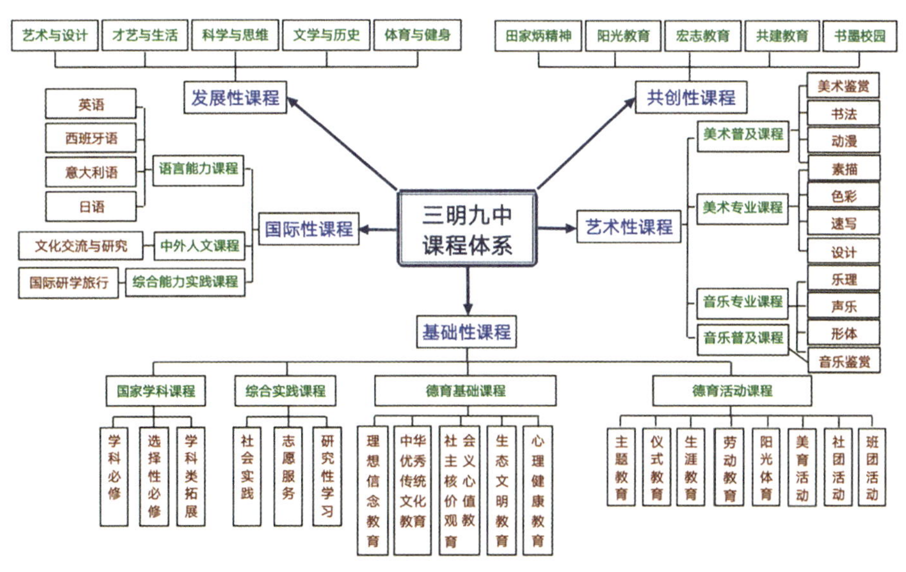

三明九中“尚美”课程体系

学校立足于学生发展的人文底蕴、科学精神、学会学习、健康生活、责任担当、实践创新六大核心素养，探索推进国家课程校本化。学校将课堂与课外、统一目标和特色目标、共性与个性发展紧密地结合起来，以文化启美、学科育美、德育融美、社团赏美、艺体修美、实践悟美来支撑基于育人目标的尚美课程，构建了五个类别、四个层次的学校课程体系。在开足开齐国家必修、选修及教育实践活动的基础性课程的同时，学校还开设了美术专业、音乐专业的艺术性课程和意大利语、西班牙语的国际性课程，设置了“田家炳精神”“阳光项目”等共创性课程，开发了“美术与设计”“才艺与生活”“科学与思维”“文学与历史”和“体育与健身”等领域共 124 门用于选课走班教学的发展性课程，并以社团活动形式，对各类课程进行实践性体验、探究与创新。目前，面向全体学生，学校常开设的有科学制作社、天文社、国画社等 40 多个学生社团。

一、单学科提炼“美”

学校对学科“美育”提出了相应的要求和实施重点，促进教师立足学科教学，不断挖掘学科美育内涵，确定和优化具有审美价值功能的、合宜的学习资源，提炼关键的审美点，建构起教学素材的审美范畴和美感体系。

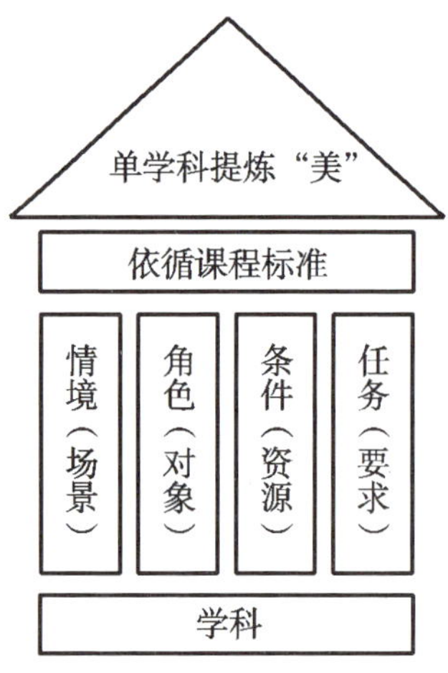

单学科提炼“美”的基本理念

如德育类课程（历史、政治）要求突出道德美，语言类课程（语文、外语）要求突出语言美，数学课程要求突出逻辑美，物理、化学、生物课程要求突出实验美。各学科编制学科的美育素材读本，将美育素材融入日常教学中。

历史组岳志民老师在其撰写的论文中，论述了中国历史传统文化的美育价值在高中历史学科教学中的实现路径：

以课堂为主渠道，发挥中国历史传统文化教育的美育价值，是学校美育工作的重要途径。在课堂教学中，教师要选择适当的美育教学资源，辅以图片、音乐、语言，配以观察、讨论、观摩等多种教学方法，多角度、全方位引导学生理解和感悟，使学生能够鉴别美丑，分清爱憎，明辨是非，提升审美素养。除音乐、美术之外，语文、历史等学科都富含中华传统文化教育资源，是美育的重要阵地。教师和学生的教学互动，可以将中国历史传统文化美的精髓融入到常规教学中。历史课堂上，教师可以展示青花瓷仿品，让学生们直观欣赏中国的手工业技艺精湛之美，同时配上周杰伦的歌曲《青花瓷》，让学生们在音乐氛围中感知瓷器、书法、绘画、篆刻等相互融合的和谐之美。在讲解历史人物和思想时，教师可以引导学生学习“位卑未敢忘忧国”的精神、“宁为玉碎，不为瓦全”的风骨、“己所不欲，勿施于人”的原则、“天行健，君子以自强不息”的意志，从中感悟中国历史传统文化中的人文之美。教师还可以让学生聆听京剧经典片段，感受国粹的魅力；让学生了解旗袍的设计理念，理解文化融合之美；让学生了解南宋缂丝工艺家朱克柔用八年时间织就天下第一缂丝画《莲塘乳鸭图》的故事，领悟为实现梦想和追求自我价值的坚毅之美。这样的课堂无疑能将中国古代的艺术之美深深镌刻在学生心中，引领学生提升自身的审美情趣。

——摘编自岳志民老师论文《中国历史传统文化的美育价值及其实现路径》

三明九中美育素材读本（部分）

二、跨学科统整“美”

跨学科统整“美”，建立在单学科特有的审美体系之上，由单学科美感体系延伸至多学科审美范畴，形成“晕染”效果，让单学科之“美”突破单一，形成丰富、多层次的美感体系。它不是单纯的课程加减，也不是单一的教与学的方式的改变，而是致力于打破课程界限，实现课程内整合、课程间整合以及课内外、校内外的整合。

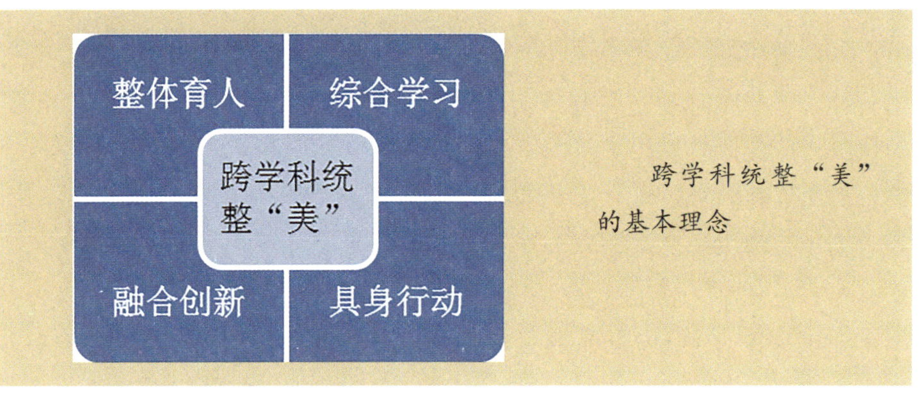

跨学科统整“美”的基本理念

以下是地理组陈良豪老师在教学中的实践心得。

美术学科核心素养是图像识读、美术表现、创意实践、审美判断、文化理解。地理学科核心素养是人地和谐观、区域认知、综合思维、地理实践力。从核心素养的角度看，两个学科的学科价值都体现了思维、情感、文化层面的发展需求，即人对自然的认识、人与自然和谐共生关系的理解表达的发展需求。而现实是，地理与美术学科课程教学在这三个层面都遇到了一定的发展局限，迫切需要综合性和情境化的课程与情境建构的教学来弥补发展的局限，使得美术与地理学科可以相互影响、相互融合，形成课程互助。

学科价值	地理对美术的帮助	美术对地理的帮助
思维层面	空间透视的理解与表现、虚与实的思维能力	提高地理读图技能，空间综合思维能力和地理实践力，如手绘、制图等
情感层面	对地理地貌的了解有助于提高审美判断	有助于人地和谐观的发展
文化层面	对地理地貌的了解可以帮助提高文化理解	对区域认知的发展也有一定的帮助

在设计跨学科主题教学模式案例时，依据课标和教材，从学科价值的角度确定跨学科单元主题，主题涵盖了美术与地理相关的知识，搭建了美术与地理之间学科知识技能的链接，有效解决了学科的重难点问题以及学科关键能力培养的问题，并且这些跨学科主题的确立不是生搬硬套，应是符合美术地理学科学习共性的问题，这样才能让学生进行真正的跨学科学习。

——摘编自地理组陈良豪老师的教学案例《地理与美术跨学科实践案例》

三、特色课程升华“美”

学校在国家必修选修及教育实践活动的基础性课程之外，还开发了国际性课程、共创性课程、发展性课程、艺术性课程四大类特色课程。

这些特色课程各具特点，又互相映衬。它们在单学科提炼“美”，跨学科统整“美”的基础之上，进一步将“美”的特质用更多元、更立体的方式呈现给学生。

国际性课程以语言学习为基础，融合历史、文学等多种学科之美，引导学生通过研学、实践等方式进行综合学习，感受不同的文化之美，扩展了美的视野。

共创性课程以德育基础课程为根基，结合学校实际情况，学习田家炳精神、阳光班精神、宏志精神，通过与家庭、社会其他部门的联合方式开展活动，深化美的体验。

发展性课程摒弃教育中的“短视”行为，除应考知识的传授之外，更注重培养学生的思维、审美、健康等各种素养，给学生的终身发展提供需要的原动力，让美成为学生的终身陪伴。

艺术性课程在普及性的基础课程之外，具体设置了书法、动漫、声乐、形体等多样化的课程项目，通过学生多样化的学习形式让艺术之美从平面的鉴赏立体起来，让美更灵动。

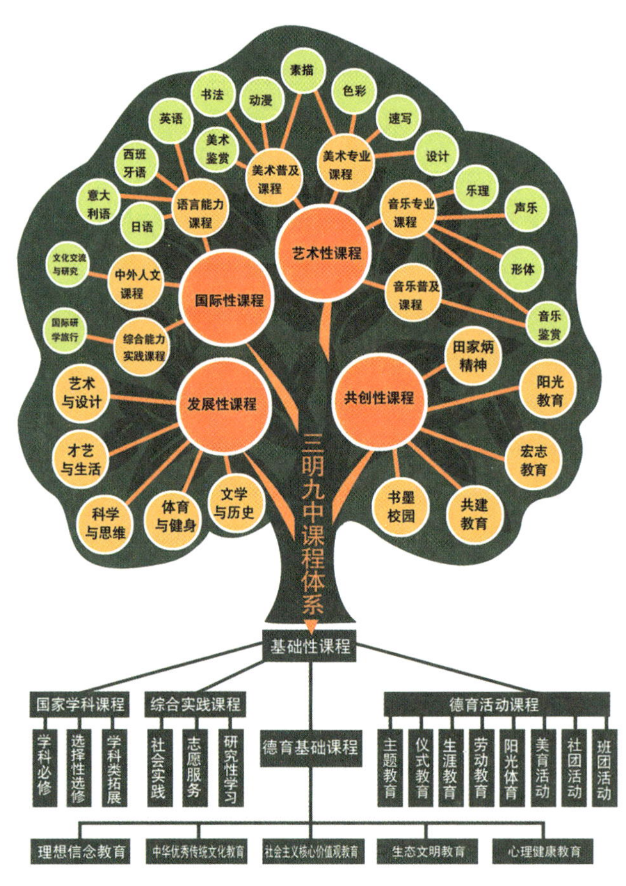

三明九中“尚美”课程体系

特色课程作为创新的教育方式，为学生提供了更多样化的教育资源和机会，促进学生的全面发展，也提高了学校的整体美感和文化价值。

第三节　打造“尚美”课堂

学生是课堂活动的主体，“尚美”课堂，立足于促进学生审美力和创美力的提升，使之获得更完满的人性和更全面的道德，并以审美的态度对待自然、社会、他人和自身。学校在实践中积极探索基于学校“尚美”课程体系的“五环导学”和“对分课堂”课堂教学模式。

一、五环导学：先研后学，有效学习

构建高效课堂教学模式是提高教学质量的根本保证，以“教师为主导、学生为主体”，实现学生“自主学习、有效学习”是高效课堂变革的本质体现，开展“先学后研，学案导学，师生互动，分组讨论”是高效课堂中有效和必备的教学活动形式。学校自 2012 年 9 月起，在部分班级进行了课堂教学改革的实验工作，并取得了阶段性成果。在此基础上，学校在高一、高二年段全面推进“先学后研，五环导学”高效课堂的教改工作，并通过建章立制将“先学后研，五环导学”确立为学校的课堂教学模式之一。

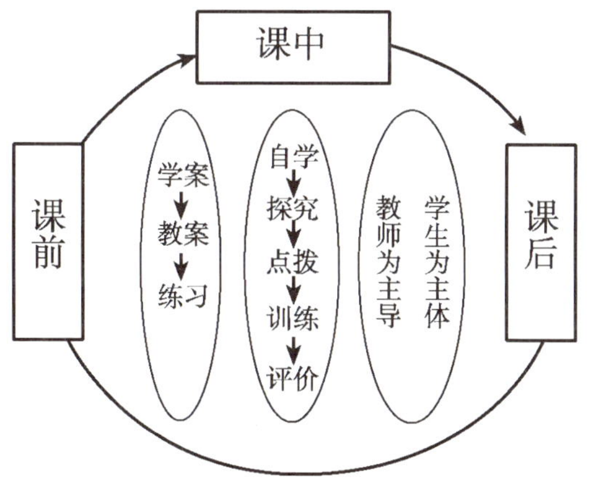

三明九中“五环导学”流程

1. 导学——课前“三部曲”统全篇

（1）学案。要求教师在集体备课的基础上编制导学案，指导帮助学生课前预习与巩固，对学生的预习情况进行有效的检查与诊断；指导帮助学生课堂上自主学习，为课堂上的小组讨论、教师精讲点拨做准备。

鼓励和提倡备课组教师制作微课，以生成图文并茂、动静结合、有声有色的多媒体影视导学案，在导学方式进行高品质改良的同时，为后续进行“翻转课堂”的教学实验做准备。

（2）教案。根据导学案，教师个人再编制教案。教案的编写，在符合教学常规的同时，应重点关注学生知识的生成、自主学习后问题的预设，以及对知识、方法的精讲与点拨等。提倡教师制作（结合微课导学）动态影像课件，以提高课堂教学效率。

（3）练习。练习包括课堂练习（或随学检测题）和课后作业，课堂练习（或随学检测题）应编入导学案，课后作业可另外布置。对于练习的选编，在集体备课的基础上，与导学案同步生成。

2. “五环”——课中“五步骤”践细节

（1）自学。学生根据学案上教师设计的问题、创设的情景或导读提纲（或微课视频），进行自主学习（含课前预习），当堂掌握基础知识和基本内容，针对自主学习过程中的疑点、难点、重点问题做好记录，为提交学习小组合作探究打下基础。

（2）探究。学生把自主学习中遇到的疑点、难点、重点问题提交给学习小组，小组成员针对这些问题进行讨论探究，共同找出解决问题的方法与思路。学习小组也可依托学案上教师预设的问题讨论解决，把小组合作探究的成果进行交流展示，教师汇总学生交流展示中出现的问题，准确把握各小组在合作学习中遇到的疑点、难点、重点问题，为精讲点拨做好准备。

（3）点拨。教师根据学生自主学习、小组合作探究中发现的问题，对重点、难点、易错点进行重点讲解，帮助学生解难答疑，总结答题规律，点拨答题方法与思路。

（4）训练。针对本节课所学内容，精编精选当堂达标训练题，进行当堂达标测试（或练习）。要求学生限时限量完成测试题，可通过教师抽检、小组长批阅、同桌互批等方式了解学生答题情况，及时对错题进行讲评点拨，确保训练的有效性。同时，教师布置适量、适度的课后练习作业。

（5）评价。课堂教学中，教师对学生个人及学习小组进行及时评价并量化打分（记分由学生进行），关注学生个人和学习小组在“自学、探究、点拨、训练”等各个环节中的学习态度与表现，通过及时量化，达到“鼓励先进，提高学生学习热情，提高课堂教学效率”的目的。

3. **评教——课后“两评价”促提高**

评教评学是激励教师不断进步的重要手段，是教学质量监控体系中不可缺少的一项重要内容。为深入了解学校教学工作状况，增进师生互动、教学互动，提高教学质量，充分调动学生参与教学评议的积极性，保证学生评教工作正常有序地开展，学校制订了教师评教评学和学生评教评学制度。

教师评教评学主要的方式是课堂观察。观察员需要具备一定的观察和评估能力，主要由同行教师、教学管理人员或邀请的专家担任。通过课堂观察，他们可以对教师的教学方法和学生的学习情况进行实时评估，从而及时发现问题并采取相应的措施。

学生评教评学则是以学生为评价的主体，通过问卷调查、访谈、座谈会等方式收集学生的反馈意见，了解他们对教师和课程的满意度、存在的问题以及改进的建议。他们的反馈对于提升教学质量和学习效果具有重要意义。

学校将“两评价”收集到的评教评学数据进行科学、客观、准确的分析与利用，以发现教学和学习中存在的问题以及改进的方向，同时，数据分析结果可以为教学管理决策提供重要的参考依据，提高教学质量和学生学习效果。

三明九中关于“五环导学”的工作检查单

________年段________班级　　　　　　　　　　科目________

项目 ╲ 日期			第　周					第　周					第　周				
第　章　节	第　课时	课前是否布置导学案															
		课堂中是否使用导学案															
		课堂中是否进行小组讨论															
		课堂中是否进行训练															
		课堂中是否及时进行评价															
第　章　节	第　课时	课前是否布置导学案															
		课堂中是否使用导学案															
		课堂中是否进行小组讨论															
		课堂中是否进行训练															
		课堂中是否及时进行评价															
第　章　节	第　课时	课前是否布置导学案															
		课堂中是否使用导学案															
		课堂中是否进行小组讨论															
		课堂中是否进行训练															
		课堂中是否及时进行评价															

续表

项目＼日期			第　周					第　周					第　周				
第章节	第课时	课前是否布置导学案															
		课堂中是否使用导学案															
		课堂中是否进行小组讨论															
		课堂中是否进行训练															
		课堂中是否及时进行评价															

作为常规的教学模式之一，五环导学在具体的学科教学中所展示出的教学成果各不相同。今后，我们将在应用实践中持续深入探索，因材施"计"，优化适合各个学科，更科学的五环教学模式。

二、对分课堂：问题导航，自主学习

课堂教学是推进素质教育，提高教育教学质量的主阵地，为了适应课堂改革的要求，学校在构建高效对分课堂方面做了探索，形成了"三模块、四环节、六问题、三要点"的"3463"教学模式。

1. "三模块"构建对分课堂

对分课堂展开的流程是根据学生学习的认知规律进行规划和设计的。"三模块"指的是"讲授、作业、讨论"，是将不同课程内容的不同环节在统一课堂时间里进行的教学活动。它传承了传统教学智慧，使讲授法与讨论法两者长短互补。这种教学模式理念深刻、简明易用，变被动学习为主动学习，有助于培养学生批判性思维、创造性思维、沟通能力、合作能力等核心素养。

把讲授和讨论的时间错开，给学生一定的时间自主安排学习，进行个性化的内化和吸收。

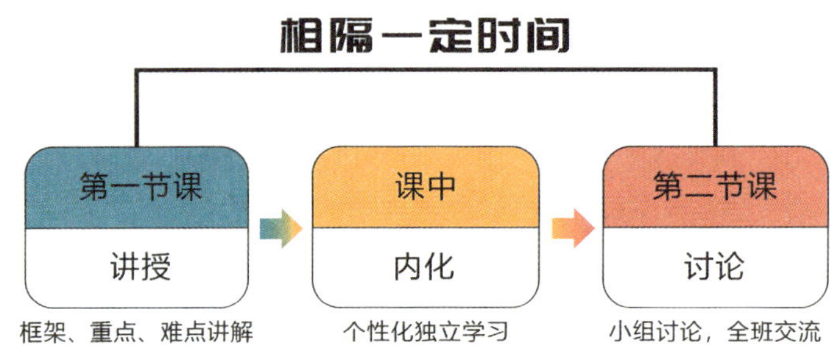

三明九中对分课堂“三模块”

2. “四环节”落实对分课堂

对分课堂教学模式共四个环节。

（1）精讲留白——教师精讲，但不穷尽内容。

（2）独学内化——学生独立思考，个人理解，形成成果。

（3）小组讨论——小组 4—6 人，解决低层次问题，凝练高层次问题。

（4）师生对话——教师答疑，解决共性、高层次问题。

三明九中对分课堂“四环节”

3. “六问题”深化对分课堂

“问题导航式”对分课堂将学习内容转化为问题，以问题驱动学生主动学习和建构知识，教学流程分为六个阶段。

（1）创设情境，提出问题——有效创设情境，让学生发现问题，并对问题产生强烈的兴趣，从而进入“心求通而未得”“口欲言而未能”的悱愤境界，激发起极大的求知欲。

（2）教师引领，深化问题——在教师引领下，以问题为起点，探究分析学生感兴趣的问题，挖掘本质，深化含义，以弄清问题的实质所在。

（3）自主学习，探究问题——放手让学生自主探究，教师将要学习的对象（教学内容）在最近发展区处继续用问题形式展开，引导学生找到解决问题的通道，初步解决问题，完成对学习内容的初步感悟。

（4）合作研讨，解决问题——通过学习小组内的合作研讨，小组间的成果共享，全面解决问题，达到对所学新知识比较全面、深入的理解，进而内化新知识，完成意义建构。

（5）领悟新知，应用问题——通过相关练习或相关问题讨论，让学生进一步深入知识的内部，领会知识的内涵，使知识与思维、情感、态度等一起真正成为学生生命的有机成分。

（6）升华知识，拓展问题——将问题进行拓展，让学生在探究问题的过程中升华知识，使学生的主体地位得到尊重，自我价值得以实现。

4. “三要点”保障对分课堂

高中对分课堂的关键点在于“时间对分”“教学对分”“权责对分”三要点。

（1）时间对分——时间保证，让学生有参与的可能，提高教师情感培育的能力，创设民主课堂气氛。

（2）教学对分——课堂留白，让学生有参与的余地，针对学情做好教材二次开发，针对教材不同素材，采取不同的教学对策。

（3）权责对分——情感信任，让学生有参与的愿望，创设和谐课堂，激发学生情感交往的愿望。

对分课堂以学生为主，教师为辅，是基于师生构建情感基础之上的、师生共同创设的灵动课堂。

三明九中对分课堂“三要点”

对分课堂的教学模式给教师们带来了与传统教学方式截然不同的感受。许多教师在采用这一模式之后产生了新的教学思考。

教师在上课中，既要确保“精讲多练”得以实施，又要关注学生的信心建立。针对这个难题，对分教学法确实给教师带来了新思路，它既保留了传统讲授式课堂的精华及核心内容，又科学地采纳和吸收了讨论式课堂的优点并注入新的理念和内涵。尤其是在课堂讨论环节，对分教学法采用的是隔堂讨论。所谓隔堂讨论，即教授和内化与讨论分属两次课。教师在第一次课教授知识的重点和难点，说明本次课的教学目标，布置课后拓展内容，之后就可以对上一堂布置的思考任务进行习题讲练。课下，学生搜集相关资料，扩充学习。下一次上课时，学生都是有备而来，避免了形式上的讨论和无论可讨的尴尬局面，提高课堂讨论的效率和质量，使课堂氛围变得更加活跃，学生的积极性与主动性也得到增强。这样把课堂大致一分为二，既有教师讲授又有学生积极讨论，进而让教师尽可能做到精讲多练，学生则有充足时间进行消化吸收和讨论，使教与学达到完美结合，帮助学生学得进、有进步，促进学生数学学习信心的建立。

——摘编自数学组张智勇老师的《积极教育下对分课堂教学之心得体会》

第四节　绽放“尚美”花朵

尚美文化是学校特色文化，尚美文化建设即通过培养学生认识美、欣赏美、体验美、感受美和创造美的能力，从而使学生具有美的理想、美的情操、美的品格和美的素养。

一、明确美育价值目标

教育的本质是育人，“立德树人”强调教育应当把培养优秀的人性、培养有质量的生命作为教育目的。学校追求培养具备人性之美的人，李泽厚在《美的历程》中提出：美作为感性与理性、形式与内容、真与善、合规律性与合目的性的统一，与人性一样，是人类历史的伟大成果。王国维先生认为，人只有当他具备审美能力时，才是“完全的人”。无论古代强调人应具备“仁、义、礼、智、信”的精神内涵和“六艺”（礼、乐、射、御、书、数）的基本技能，还是今天强调德、智、体、美、劳全面发展，强调素质教育，我们认为都可以概括为“美”的教育。

“美”的教育可以从“美形、美心、美业”三个方面入手，具体而言：

“美形”即塑造“优美形象”的人，要具备优美的形象，一是要有健康的身体，二是要具备优雅的言行。

“美心”即培育“美丽心灵”的人，要成为具有美丽心灵的人，一是要心理健康，二是要品德高尚。

“美业”即培养“美好事业”的人，这和学校“让每一位学生走向成功”的办学理念相一致，要拥有“美好事业”，一是要有美好的学业，为将来的事业奠定基础，二是做好生涯规划，让自己的未来更美好。

二、创新美育实践活动

1. 以“美”为心，丰富美的内涵

学校以“美”为价值导向，逐月开展尚美主题活动。

尚美逐月主题活动

月份	美的内涵	尚美主题活动
9月	爱国美	开展弘扬爱国主义精神和民族精神教育月活动，践行“爱国爱乡、海纳百川、乐善好施、敢拼会赢”的福建精神。
10月	健康美	开展体育运动月活动，举办校运会，开展广播操比赛、拔河比赛等各类学生体育活动，树立“我运动、我健康、我快乐”的生活理念，提高身体素质。
11月	才艺美	开展校园科技艺术月活动，举办校园歌手大赛、舞蹈大赛、相声小品大赛、主持人大赛、乐器大赛、文艺汇演、科技创新大赛等形式多样的活动。

续表

月份	美的内涵	尚美主题活动
12 月	感恩美	开展感恩教育月活动，让学生知感恩、会施恩、懂报恩。
1 月	诚信美	开展期末诚信考试、诚实做人教育活动。
2 月	形象美	开展行为规范教育暨励志教育月活动，通过仪容仪表、文明礼仪等日常行为规范的教育，让学生深刻认识阳光、乐观、清新、健康、正面、向上的中学生形象之美，并内化为自我的精神追求。
3 月	行为美	开展法制安全教育月活动，让学生通过法制、食品安全、交通安全、消防安全等各种法纪安全的教育，深刻认识到遵纪守法、尊重生命行为之美。
4 月	心理美	开展健康主题教育月活动，通过心理健康教育等活动，让学生形成健全的心理、阳光的心态、顽强拼搏的意志。
5 月	情操美	开展“红五月”教育活动，让学生追求高尚的情操和坚定的理想信念。
6 月	成功美	开展迎考月暨成功教育月活动，让多元化、特色化的高考成功案例激励更多的九中学生走向成功。
7 月	志愿美	开展志愿服务月活动，倡导学生积极参加学雷锋青年志愿服务活动，让学生学会关爱自然、关爱他人、关爱社会。
8 月	劳动美	开展社会实践月活动，倡导学生积极参加社会实践活动，通过活动，积累经验，了解社会，传播文明。

2. 以“美”化人，打造美的校园文化

学校致力打造具有三明九中特色的校园文化。以“美”为核心，围绕“美”进行设计和提炼，打造校园特色文化，即以“美”化人。

以“美”化人包含以下方面：

形象方面——设计“形象美”“仪表美”“校服美”等；

行为方面——引导“遵纪美”“守法美”“礼仪美”“卫生美”“整洁美”“教室美”“行为美”“文明美”“劳动美”等；

学习方面——修习“学习美”“成绩美”“勤奋美”“氛围美”“学科美”“专业美”“科技美”“艺术美”“成功美”等；

精神方面——升华“诚信美”“志愿美”“爱国美”“尊师美”“孝敬美”“爱校美”“友善美”“心理美”“感恩美”等。

通过具体的文化表象来提高学生审美和培养学生的人文素养。让美育充盈在学校各项文化活动和教学实践中，切实发挥以美育人的作用，为学生树立高尚“美”的价值目标，培养学生拥有认识美、欣赏美、体验美、感受美和创造美的能力，进而去塑造具有道德自觉、文化自信、心态自然、行为自律、生存自立的尚美人生。

“尚美”板报评比

“尚美”班级名片——班牌

“尚美”校园景观

2023 年 8 月，尚美志愿服务活动——关爱空巢老人

三、做优美术特色教育

三明九中美术教育已成为三明市乃至福建省普通高中办学的一大亮点，美术特色教育处在全省龙头地位，学校先后被评为“全国艺术教育工

作先进集体”“省中小学艺术教育先进集体”。

1. 创设环境，营造氛围

学校积极创设良好的“艺术大环境”，让师生产生共鸣，进入艺术境界。在教学管理进程中，注意艺术教育在其他学科中的渗透，指引全体教师在教育教学中提升人文精神，充分挖掘教材内容，对学生进行潜移默化的艺术教育。

加强校园环境建设，让校园的每一个角落都融进艺术元素。校园内设立美术专用宣传栏，定期更换内容。美术教育中心和体艺馆展览的学生作品，每月更换一期；教学楼名人挂像，每学期更换一次。这些作品绝大部分由学生自己创作，既给了学生展示自己才华的机会，又美化了校园环境。

2. 面向全员，合理选材

学校注重将美术教育面向每一位学生，实现全员培育。在实践中，形成了“着眼普及、着力培优、形成特色”的美术教育的思路。全校学生都学习美术基础课程，让每一位学生都具有一定的美术鉴赏能力。同时，学校成立平面设计社、速写社、动漫社等美术社团，对美术感兴趣的学生有了更高的展示才华的平台。

3. 创新形式，丰富内涵

学校开展一系列美的教育实践活动，并创新活动形式，丰富活动内涵。如自画衫设计大赛和现场主题绘画大赛。自画衫是学生根据自己的理解，用自己手中的画笔在白色T恤衫上描绘心中的梦想。现场主题绘画是由班级50多名学生围绕同一主题共同创作一幅40米长，0.9米宽的巨幅画作。这两项活动都具有突出美术实践，参与广泛，规模宏大，效果显著的特点。

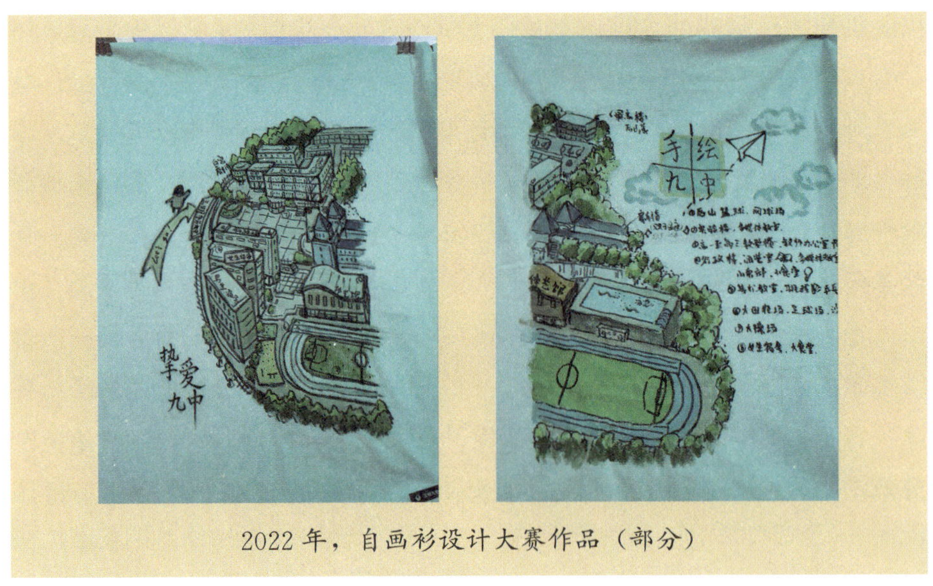

2022 年，自画衫设计大赛作品（部分）

第五节　收获“尚美”硕果

一、尚美教育渐入佳境

学校艺术教师团队从最初的三四个人发展壮大成二十七人的大集体，其中美术教师二十人，声乐教师四人，舞蹈教师两人，书法教师一人。他们心中牢记着“忠诚党的教育事业，为人师表，教书育人，热爱学校，关爱学生”的誓言。其中美术教研组在近几年先后获得了省三八红旗集体、市青年五四奖章集体、省“五一先锋号”、全国巾帼标兵岗等荣誉称号。

美术教研组获得的荣誉（部分）

1. **尚美课堂逐步成熟**

艺术教师渗透小组合作学习、项目式学习、立体美术、先学后教、先学后研、对分课堂等教学模式，美育课堂正一步步迈向成熟。近十年艺术音乐舞蹈类高考本科上线率均在93%以上。不少学生考入天津音乐学院、浙江音乐学院、沈阳音乐学院、四川音乐学院、南京艺术学院、星海音乐学院，西安音乐学院等各类音乐学府，以及厦门大学、福建师大的音乐学院。2020届至2022届音乐、舞蹈专业省考本科上线率100%。

2. **艺术氛围愈加浓厚**

近年来，学校不断加大投入，为开展美术特色教育提供硬件保障。2008年11月，修建了一座面积达1500平方米的美术教育中心，共4层8间学生画室。2010年9月，面积达6000平方米的体艺馆投入使用，其中4000平方米用于美术教学，馆内建有学生画室10间，每间面积超过200平方米，建有美术展馆1间，学生作品收藏展室1间，美术器材室1间。2011年6月，建成由10个宣传栏组成的、面积达360平方米、可一次展示200多幅学生优秀美术作品的艺术长廊“尚美园”。2014年9月，建成了面积达200平方米的陶艺工作室1间。2021年，校新教学楼建设基本完成，内设有演艺厅、学术报告厅等；一楼均为音乐舞蹈功能室；大楼西侧一楼至四楼均为社团教室。校体艺馆外部走廊建有户外写生作品展示长廊，

美术展厅　　舞蹈功能室

定期展出学生的优秀写生作品。教师办公室、艺术教室陆续更新添置先进的信息教学设施设备。学校美术设施对全体师生开放，美术资源全校共享。

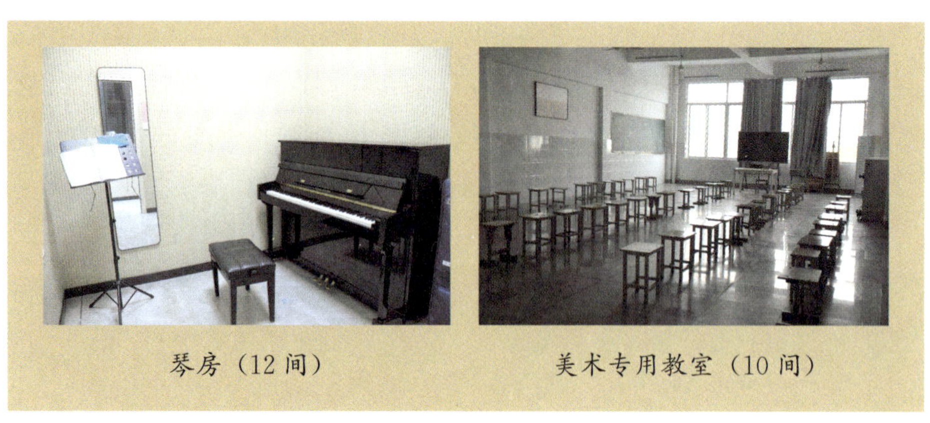

琴房（12 间）　　美术专用教室（10 间）

在体艺馆、广场建造《断臂的维纳斯》《达·芬奇》等塑像，精心布置校园的景观池、景观桥、景观石和花草树木，让艺术元素充满校园。除“尚美园”美展专栏外，还专门设立美术作品展示廊，并在体艺馆、教学楼和实验楼楼道等处布置墙上画廊，校园内同时展出共500余幅的学生美术作品，分别布置在教学楼、体艺馆、新教学楼等走廊墙上，并定期更换。体艺馆的美术展厅也会定期更新师生优秀作品，主要以教师作品为主，彰显学校美术教师的实力。学校在每次的书画比赛活动中评选学生优秀美术作品，在晨会上表彰并颁发奖状及收藏证书。各学科充分挖掘教材内容，对学生进行潜移默化的艺术教育，如语文教研组每学期都举办学生硬笔书法、演讲比赛；数学教研组开展三维动画制作比赛；生物教研组开展细胞模型制作比赛；地理教研组开展地球小博士绘画比赛等。新教学楼一楼有一处小小的展示舞台，放置着一架钢琴，在温暖的傍晚时分，校园里经常回荡着同学们的动人歌声与优雅欢快的琴声。

学生作品收藏证书

教师作品展示（部分）

3. 尚美成果锦上添花

学校持续以“尚美”文化引领美术办学特色，开展课程与活动相融合、校内与校外相融合、美育与德智体劳相融合的“美育三融合”活动，继续做强做优美术办学特色。在三明市第五届中小学教师教学技能大赛中，郑博凌老师获一等奖，2021 年池宝玉老师被评为福建省第五批中小学学科教学带头人（美术）并成立名师工作室，2016 年美术组获第六届三明市青年五四奖章集体荣誉称号，2017 年获得三明市三八红旗集体荣誉称号及福建省五一先锋号荣誉称号，2018—2021 学年美术教研组被评为三明市首届先进教研组，2021 年 3 月，三明市第九中学美术教研组被授予福建省三八红旗集体称号。

课题研究方面，构建特色教育长效机制。自 2006 年起，学校开展了美术特色教育的系统研究。2008 年结题的市级重点课题“成功教育模式探究”，为大力开展美术普及教育、建设美育特色文化提供了理论支撑。2010—2012 年市级课题“高中美术特长生数学教学研究”，2012—2014 年市级课题“高中美术教育模式”的研究，突破了校本教材开发、美术教育管理、课堂教学改革等瓶颈。2014—2016 年省级课题“创建高中美术特色学校的实践探究”“基于立德树人目标下高中美术社团建设的探究与实施”，为美术教育从“学校特色到特色学校”的升华奠定坚实的理论基础。2018 年，课题“基于提升艺术素养的高中美术教育与实践研究”在福建省基础教育成果奖评选中获二等奖。同年 1 月，美术学科被省教育厅确认为福建省首批普通高中优质学科课程建设项目。

20 年来，多位艺术教师发表多篇 CN 论文，多人次师生在绘画、书法、诵读、器乐、科技等方面获得国家、省市级荣誉。2015 年，国画社被评为“全国优秀中学生国学社团”。2021 年，学校民乐团作品《敦煌新语》入选“福建省第七届中小学生艺术展演”终评，并以全场最佳代表三明市参加全省第七届中小学生艺术节器乐专场现场展演。此前，该作品在三明市第八届中小学生艺术节展演活动中获一等奖；学校手工艺工作坊参加三明市第八届中小学生艺术节艺术实践工作坊荣获一等奖；水彩社、装饰画社、插画社等社团均获得荣誉；舞蹈社作品《平凡力量》，合唱社作品《飞来的花瓣》《祖国永在我心中》参加全市第八届中小学生艺术节均获一等奖。2022 年 5 月，学校舞蹈团参加了福建省第四届中小学戏剧展演；6 月，播音与编导主持社作品《强国力量》在三明市第四届中华经典诵写讲大赛“诵读中国”经典诵读大赛中获中学组二、三等奖；11 月，器乐社作品《山语·幻》在三明市 2022 年中小学生器乐比赛中获得中学组一等奖。学校多幅美术作品在北京 2022 年冬奥会和冬残奥会“共赢未来”中外青少年人文交流活动暨第二届“中外人文交流小使者”绘画征集活动中展出并获一等奖。书法教师廖华清老师作品多次入展并获奖。

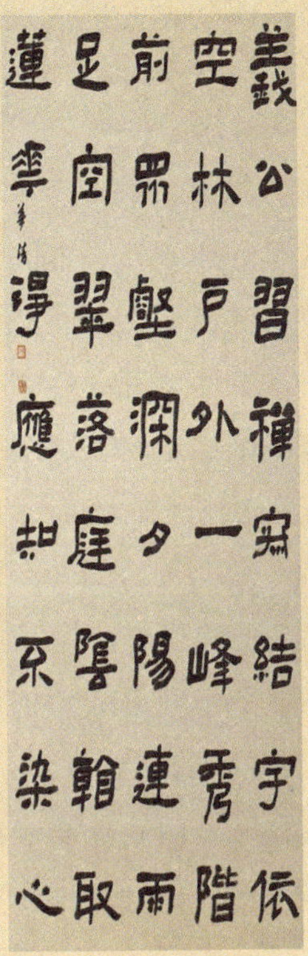

书法教师廖华清获奖作品

特色办学助推学生的特长发展。多位学生的微电影、书画、摄影等作品在全国、省、市比赛中获奖，学生社团国画社被评为 2015 年度全国优秀中学生国学社团。学生美术作品在福建省青少年科普作品大赛、三明市“笔墨中国”汉字书写大赛等比赛中获奖。

二、尚美教育，花开满园

20 多年来，一批又一批的中学校长、教育行政管理干部接连不断到三明九中参观学习。一所山区学校能够吸引众多省内外同行来校考察交流的原因，就在于学校的艺术特色教育近年来取得了丰硕成果。

三明九中美育活动丰富多彩，组织参加的各种市级、省级，甚至国家级比赛活动不胜枚举，如青少年动漫创意大赛、汉字书写大赛、中小学生美术作品展、青少年科学素养竞赛、科普绘画比赛、青少年书画摄影赛、“金鹰杯”全国青少年儿童书画摄影艺术交流大赛、中小学生艺术节等。老师们的辛勤指导，学生们的努力奋斗，换来的是一张张有分量的证书和喜悦的笑容以及有意义的成长。

2016 年 6 月，学校牵头成立了闽浙赣三省高中美术特色教育联盟（15 所联盟校）并召开首届高峰论坛。联盟的成立，一方面发挥了学校的辐射示范作用，同时也扩大了福建基础教育的影响力。后又成立闽浙赣桂鄂蒙六省高中美术特色教育联盟。以“彰显特色·开放共享·合作联动·共同发展”为主题的联盟，目前已举办五届高峰论坛，每次联盟活动都成为当地教育的盛事。

1. 户外采风

学校每年都会组织学生前往江滨公园、绿道、岩前基地校等地采风。来到校外，放眼所见的美丽风光无不激发着同学们的创作热情。无论是河边的细柳花丛还是江滨的高楼广厦，市区的现代风貌还是乡村的古镇村落，经过同学们的用心描摹，这些风景都灵动地呈现在了画纸上。采风活动进行时，时常有市民驻足观看，并不时颔首微笑。

2018 年，美术班岩前采风活动

2. **百米长卷**

每一届的绘画主题大赛皆异彩纷呈，每个班级根据主题事先准备好绘画内容，构思探讨，分工合作。比赛现场热闹非凡，同学们边画边讨论，用汗水和期待的心情完成作品，最后现场评比并颁发奖状。

2019 年，高一高二师生共同绘制百米长卷

2018 年，百米长卷活动获奖作品（部分）

3. **自画衫比赛**

至今已举办了八届的自画衫设计大赛体现了三明九中学子的个性与特色。大赛根据主题构思，绘画表现，最后在校园内展示，一件件五彩斑斓的 T 恤衫挂在绿茵茵的树上，随风飘扬，吹动着孩子们的热情，尽显校园的勃勃生机。

2021 年，自画衫作品展示，同学们在课间互相赏析作品

4. **校运会写生**

每年的校园运动会上，美术生也没有停下手中的画笔，他们用自己的特长记录九中运动员的矫健身姿，为运动员送上鼓励与祝福。

美术生校运会写生作品

5. **漫画节比赛**

2021 年开始，每年 9 月 10 日，学校都会组织开展教师节漫画比赛，同学们用自己擅长的画笔描绘自己心目中的老师形象，寄托恩情，也为老师送上节日的问候。

2022年，“漫画版老师”活动作品（部分）

6. 校园美化行

2022年，学校组织优秀社团以“建设‘一区六城’”为主题，重新绘制校体艺馆一楼大厅的宣传画。动漫社、插画社和创意设计绘画社的同学们在社团导师的带领下，共同完成了这一系列作品。绘制过程中，师生们认真学习“一区六城”的重要思想，将其转化为创作灵感，精心调配颜料、勾轮廓、涂色彩、绘新图。通过不断努力，六幅宏大的宣传画如期呈现在了体艺馆的宣传墙上。以手绘涂鸦方式绘制的《红色魅力之城》《绿色生态之城》《改革创新之城》，以及以数字绘画手段完成的《新兴工业之城》《包容开放之城》《和谐文明之城》，展示着城市的历史风貌，也包含着同学们对这座城市的热爱！

红色魅力之城

绿色生态之城

改革创新之城

新兴工业之城

包容开放之城

和谐文明之城

校体艺馆一楼大厅绘制的“建设‘一区六城’”主题宣传画

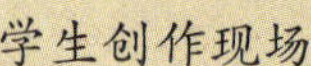

学生创作现场

学生设计的“尚美九中”主题吉祥物

7. 教师美育社团

2021 年春季，学校开设了教师美育社团，鼓励各学科教师积极参加自己感兴趣的美育社团，共开设了 PS 设计、国画、书法、陶艺、素描、合唱、舞蹈、古筝等 8 个教师社团，教师们利用课余时间积极参与。

教师社团（部分）

三、成果显著，社会好评

2020 年 6 月 5 日，时任校长蔡书太应光明日报《教育家》杂志社邀请参加了“五育并举，培养全面发展的人”线上圆桌论坛，重点介绍了以美术教育为抓手，实施“立体美术”战略，将美育融合、贯穿于学校教育教学的全方位、全过程，以美育联动其他四育，努力实现五育并举，促进学生全面发展，促进教师专业发展，促进学校优质发展的经验做法。2020 年 9 月 16 日，教育部基础教育司在教育课程教材发展中心举办了普通高中新课程新教材国家级示范区示范校建设工作启动视频会议，三明九中受邀到主会场参加启动仪式，蔡书太作题为《立足美术办学特色，山区“以美育人”在路上》的交流发言。

2020 年，疫情期间，师生开展了 41 个“战疫”项目式学习，用艺术语言致敬抗击疫情最美“逆行者”，多件美术作品被三明市教育局、三明新周刊、最三明、海峡教育报等微信公众号刊载宣传。

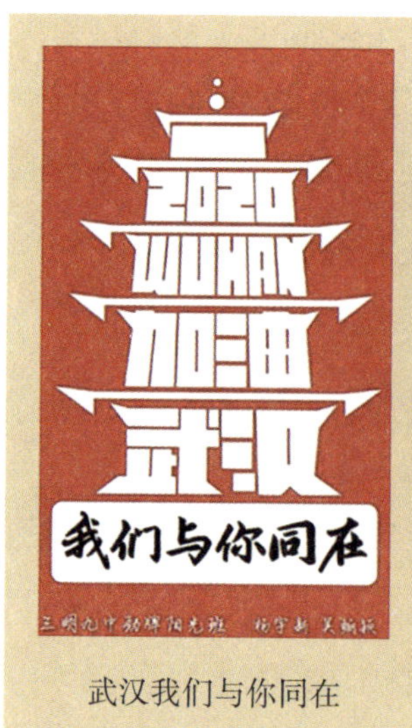

武汉我们与你同在

战！武汉！

武汉加油，中国加油

疫情期间被媒体转发的三明九中学生作品（部分）

三明九中用了20年时间，历经了从“特色项目”到“学校特色”再到“特色学校”过程，实现了美术教育从小到大、从弱到强的目标，做到了美术教育的全员化，建构了惠及全体学生、较为成熟的美术特色课程体系及实施体系，通过对全体学生进行普及性教育，来实现美育素养的培养；美术教育的全方位，将美术教育贯穿在学校教育的全过程各方面，渗透在各个学科之中，全方位地“以美育人”；美术教育的多样化，学校的美育课程，呈现其多样性和可选择性，满足学生不同艺术爱好和特长发展的需要；美术教育的体验化，以学科的活动性强化学生的审美体验，真正实现审美素养的提升。面对新课标、课改的新形势，我们将继续探索尚美教育与新教材、新课标的联动作用，融入学科核心素养，培养学生的综合素质，形成稳定可行的教学体系和评价体系。

在未来的发展道路上，三明九中将秉持办学理念，持续实施“文化·艺术”双轮驱动发展战略，谋求更长远的发展，争取做出更好的成绩！

第四章

亮点德育　铸魂塑心

亮点德育是指在德育实践活动中通过对学生的赏识和认可，引导学生找到自身的亮点，逐步完成对其才能的证明，从而激发自信，发挥潜能，实现自我的超越，进而带动全面提高。亮点德育吸取了日本铃木镇一的才能教育法，王立宏的赏能教育，周弘的赏识教育法等先进教育理念，核心理念是亮点成就梦想，主要基于：

（1）人生的道路是多元的，成功具有多样性。我们不妨听一听大仲马的故事。穷困潦倒的青年大仲马请父亲的朋友帮自己找一份工作。“数学精通吗?”“历史、地理怎样?”“法律、会计怎么样?”父亲的朋友接连地发问，大仲马都摇头告诉对方，似乎一无所长，连丝毫的亮点也找不出来。“那你先把自己的住址写下来，我总得帮你找一份事做呀。”他羞愧地写下了住址后转身要走，却被父亲的朋友一把拉住了：“年轻人，你的字写得很漂亮嘛，这就是你的优点啊！你不该只满足找一份糊口的工作。能把字写漂亮，就能把文章写得好看!”受到鼓励的大仲马发奋用功，果然写出享誉世界的经典作品。

（2）每个人都希望自身有亮点，都希望该亮点得到他人关注。这种亮点或是学习好，或者跳舞、弹琴、演讲等比他人优秀。每个人都有优秀与不优秀的方面，只要某个方面特别优秀，一般都会把与之相关的其他方面带动起来。

（3）亮点德育不同于大拇指教育。亮点德育相较于大拇指教育的长处在于，在评价学生过程中更为客观、公正、多元。在弘扬学生亮点的同时，对于学生存在的不足也明确提出并期望改进，让学生知道犯错需要付出代价，增强法治意识，培养公共文明精神。

（4）结合学校生源较薄弱的实际情况。部分学生因为学习成绩不理想，容易产生自卑心理，加上家长对其学习也缺乏信心，学生自我定位为不优秀，自信缺乏，造成学习的不主动、学习能力下降。亮点德育希望通过多元的正面评价，让学生更自信，通过多元化的成功之路，如美术高考、小艺考等，践行“让每一位学生走向成功”的办学理念。

第一节　挖掘亮点　闪耀众星

一、评选制度化

根据高中生的身心特点和成长规律，结合文化引领学生的发展，坚持正面育人的思路，学校创新教育方式和教学方法，全面推进亮点德育，形成“班级之星—年段之星—校园之星—美德少年—文明学生”逐级评选优秀学生的模式，并通过丰富多彩的德育实践活动、形式多样的志愿服务、益德益智的科技艺术和社团活动，促进学生的全面发展。学校通过亮点德育，更充分、更有力地在全校学生中广泛遴选在某方面具有特殊才能和突出表现的先进个人，彰显青年学生的独特才能和单方面突出成绩的风采，营造一种同学中人人有特长、人人有优势、人人值得学、人人要学习的良好氛围，以激励全体同学相互学习、锻炼技能、发展特长、完善自我，进而推进优良学风、校风建设。

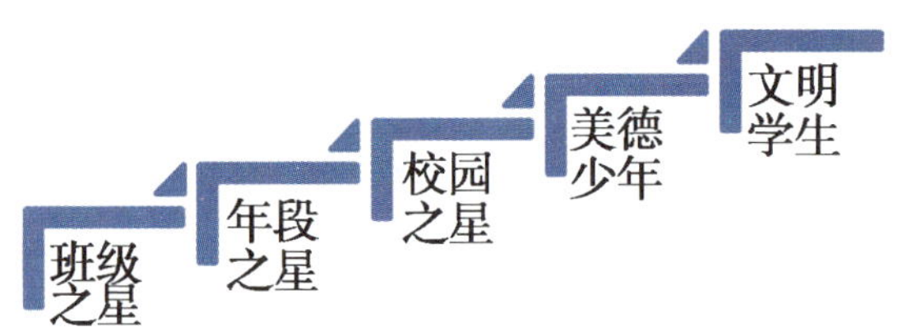

三明九中优秀学生逐级评选模式

1. 统一认识，明确目标

结合“做一个有道德的人”的活动，学校重视“认星争优，做美德少年”道德实践活动，成立了工作领导小组，明确要坚持正面育人，亮点教育的学校德育方针，学校在工作机制和经费保障等方面大力支持，要求政教处、团委、年段长、班主任统一思想，提高认识，扎实开展好“认星争优，做美德少年”道德实践活动。

2. **逐级评选，文化引领**

以推进社会主义核心价值体系建设为根本，以引导广大未成年人做一个有道德的人为目标，深入挖掘、培养、宣传学生身边的道德典型，通过逐级评选，挖掘不同学生独特的亮点，正面激励学生，扩大学生的参与面，以点带面，典型引路，示范带动，提高学生的道德素质，并不断完善评选办法，扩大评选范围，制定评选制度，形成评选文化。

3. **优化制度，不断完善**

为了扩大“认星争优，做美德少年”道德实践活动的范围，结合“校园之星”评选办法，学校制定了《三明九中“美德少年·校园之星”星级评比方案》，形成“班级之星—年段之星—校园之星—美德少年—文明学生”逐级评星制度，并将逐级评星与文明班级、文明学生评比相结合，让认星评星活动真正深入学生心中。

具体评选办法如下：

班级之星：各班级每周评选1名。根据学校“逐月主题教育”活动安排，每周一个主题，每周各班根据主题评选出1名“班级之星”，在各班级的“班级风采”公布展示。

2021—2022学年逐月主题教育及逐级评星安排

月份	主题月	逐级评星
9月	行为规范暨弘扬民族精神教育月	形象之星、礼仪之星、劳动之星、守纪之星，“文明礼仪”美德少年
10月	感恩教育月	知恩之星、感恩之星、施恩之星、报恩之星，“尊老爱亲”美德少年
11月	体育健康教育月	运动之星、广播操之星、勤奋之星、田径之星，“阳光体育”美德少年
12月	科技艺术月	科技之星、艺术之星、求真之星、拼搏之星，“乐艺健体”美德少年

续表

月份	主题月	逐级评星
1月	诚信教育月	乐学之星、诚信之星、真诚之星、进取之星，“诚实守信”美德少年
2月	行为规范教育月	形象之星、礼仪之星、劳动之星、守纪之星，“文明礼仪”美德少年
3月	法制安全教育暨读书月	阅读之星、安全之星、学法之星、守纪之星，“助人为乐”美德少年
4月	心理健康教育月	阳光之星、环保之星、卫生之星、科普之星，“尽责奉献”美德少年
5月	文化月暨爱国主义教育月	社团之星、爱国之星、志愿之星、诵读之星，“自强自立”美德少年
6月	成功教育月	勤奋之星、学习之星、进步之星、成功之星，“勤奋学习”美德少年

年段之星：各年段每月评选9名。各年段在每一个主题月进行总结时，结合各年段文明班级评比办法，根据各班级当月文明班级排名进行年段之星的名额分配，在班级之星的基础上评选出“年段之星”9名。

校园之星：全校每月评选9名。学校根据每月主题教育的不同，结合先进年段评比，团委在年段之星的基础上评选出“校园之星”9名。

美德少年：每个主题教育月，学校组织美德少年评选小组在校园之星的基础上评选学校“美德少年”1名。

文明学生：全校每学期评选195名。学校制定《三明九中文明学生量化考核实施意见》，学校每学期组织一次文明学生评选，按照本班级文明学生量化考核办法对全班同学进行学生个人文明分的量化统计，按照学生个人文明分数由高到低的原则和本班文明学生名额评选出“文明学生”，并在每学期开学典礼上予以表彰。

二、表彰常态化

学生的成长需要正面激励，学校长期坚持“亮点教育”的德育方针，正面育人，扎实推进逐级评星制度。学校加大宣传力度，多渠道、多层次地进行表彰，让学生真正融入逐级评星的道德活动中，传播正能量，“评星争优、正面成长”成为校园主流文化之一。

学校为每一位“星”同学专门设计笔记本，班主任、科任教师、年段长等在赠送给“星”同学的笔记本上写一小段精彩寄语，以下是高一（8）班班主任写给“星”同学的寄语：“文明是一种修养，始于点滴，现于言行。艳萍同学作为语文课代表，尽心尽责，作为班级成员，能把班级形象当作自己的责任……”有才艺的班主任还会为学生绘上一幅小画，这些饱含温情的鼓励深深打动着学生的内心，化为他们成长路上不竭的动力。

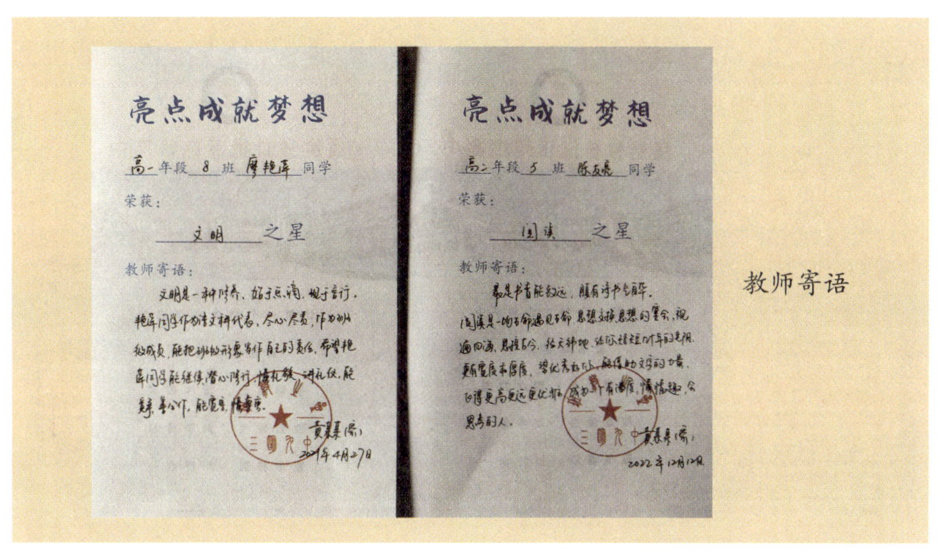

教师寄语

每周班会课的“评星”活动既是一节生动的德育活动课，也是学生亮点展示的舞台。每周四大课间，学校为“班级之星”颁奖。由于班级之星评选内容的多样性，不同类型的学生都有评星的机会，展示了不同学生独特的亮点，弘扬了积极阳光的正气，传播正能量，提升了学生的道德素养。每月的“年段之星”“校园之星”“美德少年”在升旗仪式上进行表彰，校园之星和美德少年的照片在学校橱窗展示，学校还会向校园之星和美德少年的家中寄喜报，与学生家长一起分享学生成长的快乐和成功的喜悦，构建学校、社会、家庭、学生四位一体的德育体系。每学期的“文明学生”是在下学期开学仪式上进行表彰，让学生争做文明人，体现了学校

“让每一位学生走向成功”理念。学校还利用宣传栏、学生会广播站、学校网站等宣传阵地加大对“美德少年”“校园之星”的宣传力度。

除此之外，学校还设立“进步奖”，评选艺术之星、最美班长、最美团支书、优秀学生会干部、优秀学生会成员、优秀心理联络员、优秀校风督导队员、优秀劳动委员、优秀安全员、星级宿舍等，学生只要有进步就可获奖，每一次国旗下的讲话、段会、班会、家长会都是一次表彰会；每一期板报、宣传栏都是一面光荣榜。

每学期都有70％以上的学生受到各级各类的表彰或奖励。正面育人对帮助学生树立学习和进步的信心，起了很大的促进作用。逐级评星逐渐成为学校亮点教育，正面育人的德育特色，推动了社会主义核心价值观进课堂、进学生头脑，提升了学生道德素养，构建了积极健康、文明向上、和谐安定的校园文化。

校园“艺术之星”表彰展板

“尚美小组”表彰展板

2015 年，学生陈清香获得三明市“美德少年”荣誉

三、评价体系化

三明九中坚持“让每一位学生成为最好的自己”的评价理念，不断深入探索评价改革，以社会主义核心价值观为“美”的价值目标，以美育人，以美立校，让每一个学生向着美的方向成长，围绕学生发展的六大核心素养，建设美好境界、美好品格、美丽心灵、美好形象、美好学业、美好事业的尚美人生评价目标。

学校评价建设从积分量化评价阶段到卡证建设评价阶段，再到多元增值评价阶段，逐渐构建以学生发展为中心的多元增值评价体系。

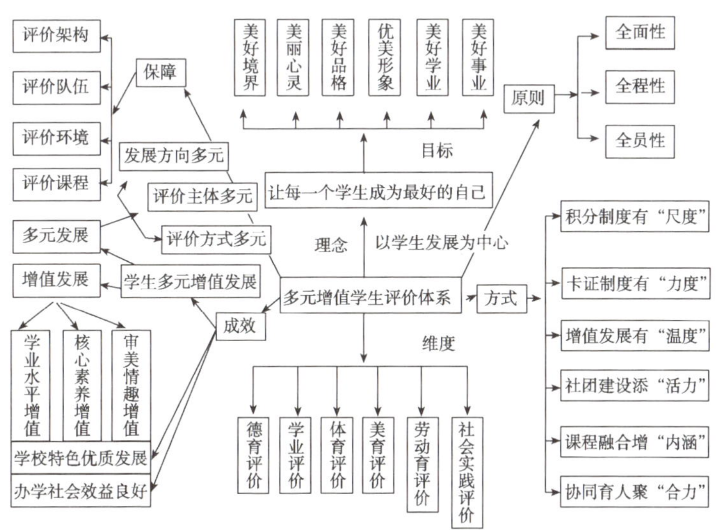

三明九中多元增值学生评价体系

1. 积分制度让评价有“尺度”

学校积极构建“年段—班级—小组—个人”的分级评价体系，在先进年段、文明班级、文明学生基础上，积极探索和完善小组考核评价办法。

学校在分层建立学生个人积分制度、小组建设积分制度和文明班级积分制度的基础上全面提升积分制度建设，分类建立了文明积分制度、阳光体育积分制度、艺术素养积分制度、志愿服务积分制度、劳动教育积分制度等积分制度，用积分制作为评价的尺子。积分制度的建立与完善，让评价更具有可操作性，用数据说话，让评价更有说服力。

2. 卡证制度让评价有“力度”

2018年，学校入选省示范普通高中建设学校，进一步推进评价改革，逐步推进阳光体育证、艺术素养证、劳动素养证、学生志愿服务卡和社会实践卡等卡证制度建设。学生高中三年的成长记录中以“卡”记录，用“证”说话，在客观记录活动时长和次数的基础上，健全评比方案，以评价促发展。

学生素养证书

3. 多元增值让评价有“温度”

淡化学生之间的横向对比评价，强调学生个体的纵向发展评价，关注学生内生长和成长性，让每一个学生成为最好的自己。建立学生个人成长评价制度，基于学生自我生涯规划的角度评价学生学业，推进从入口看出口的增值发展评价，让学生看到自己的成长，让学生成长有方向。推进全员导师制，从学业水平到核心素养，每一位教职工都要参与评价，对每一个学生都要进行发展性增值评价。

4. 社团建设为评价添“活力”

“学生活动社团化，社团活动课程化”，学生社团活动与校本选修相结合，开创性地在中学开设社团选修课，开发学科拓展类、科学与思维类、美术与设计类、体育与健康类、文学与才艺类、国际视野类、劳动实践类等八大类120多门的社团课程，学生全员选修社团课程，学校建有一幢学生发展中心，包含50多个社团专用教室，一个1000多平方米的艺术中心。近三年来，师生共有300余人次在全国、省、市艺术作品评选、竞赛中获奖。社团建设让评价不只是数据，而是绽放生命的色彩。

5. 课程融合为评价增“内涵”

课程是学生多元发展的基石，学校不断完善课程建设，构建尚美课程体系，开发了“美术与设计”“体育与健康”“学科与拓展”“文学与才艺”等学习领域的共120多门校本课程，积极建设“四课五维”学生发展指导课程，三个年级分别以“尚美起航”“尚美强核”“尚美圆梦”为主题开设生涯教育课程。多元的课程丰富了学生评价的内涵，每一个学生都有个性化的评价菜单。

6. 协同育人为评价聚“合力”

积极融合社会资源，深入推进协同育人。发挥艺术教育特色，牵头成立“闽浙赣桂鄂蒙”六省高中艺术特色教育联盟。积极推进与高校的合作，成为厦门大学艺术学院教学实践基地、景德镇陶瓷大学陶艺教学实践基地、北京外国语大学PASS留学基地。陶艺制作教育入选福建省第二批百个中小学劳动教育实践特色项目。拓展社会资源，主动与市示范性综合实践基地、市福利院、市博物馆、市艺术馆等合作，开展实践育人活动，学校与社会形成合力。推进家庭教育共同体建设，开展家庭阅读经典、家庭户外文旅、职业生涯体验等共同体活动，家校形成正向合力。

面对普通高中发展的“困局”，学校以多元增值评价改革“破局”，开创了特色优质发展的“新局”。2020年，在建设国家级新课程新教材实施示范校过程中，不断优化改进学生评价策略，评价改革推进学校的全面改革，学生评价改革引领课程评价改革、课堂评价改革、教师评价和学校评价，构建多元增值评价体系成为学校发展的关键一招。

2021 年，学校《构建多元增值学生评价体系的实践探索》推荐入围普通高中新课程新教材实施国家级示范区建设经验成果。2021 年 11 月，刘新明老师应《人民教育》杂志社的邀请，参加线上全国“教育评价改革”讨论会，做了“多元增值让评价绽放生命的色彩”交流发言，分享了学校构建多元增值学生评价体系的实践探索与成效。

学校为学生多元发展搭建平台

第二节　突出亮点　规划人生

赫曼·赫塞（Hermann·Hesse）说过：“大多数的人就像是落叶一样，在空中随风飘游、翻飞、荡漾，最后落到地上。一小部分人像是天上的星星，永远走在一条固定的途径上，地上的风吹不倒他们，在他们内心中有自己的引导者和方向。”每个人注定有自己的轨道，明确了适合自己的方向，才能在人生道路上大步向前。然而教育部教育发展研究中心所做的一项针对高三学生的调研显示，高三学生对高考志愿中的专业，了解程度为“了解一小部分”和“全不了解”的比例为75.2%。这就是现阶段学生对生涯的认识现状。高中生迫切需要生涯教育辅助，帮助他们认识自我找方向，确立自我定目标，从而激发他们学习的动机和自主意识，实现知识、能力、人格的和谐发展与智、趣、能的协调统一。

一、完善亮点课程，为生涯教育“奠基”

生涯教育对于高中生而言十分重要。它能够给学生带来更广阔的社会信息，引导学生开发自己的兴趣，对擅长领域进行深入的研究和探索。

高中生涯教育分为基础性和发展性两个目标。前者让学生关注当下，后者让学生明确未来的发展。三明九中的生涯教育是学校打造的一大亮点课程，该课程贯穿高中三年，立足校情学情，转变传统的教育理念。在生涯课程体系的构建中，将理论教学和实践教学相结合，突出各自的亮点，引导学生正确地看待高考，正视未来人生。

三明九中亮点生涯课程体系：

1. 课程结构

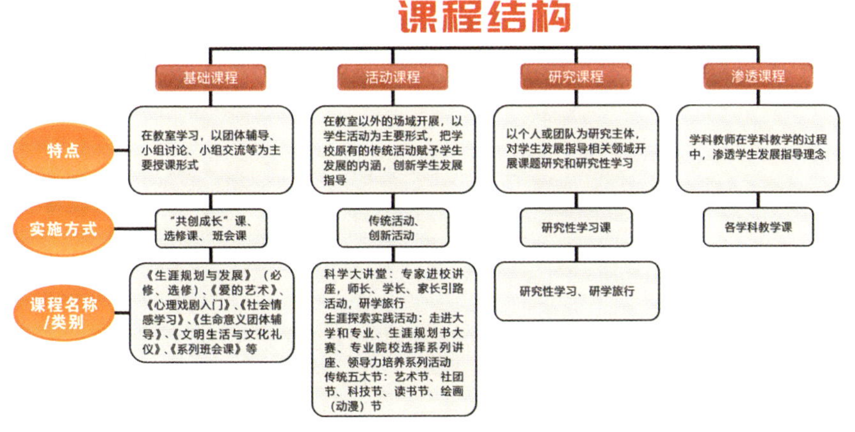

亮点生涯课程体系框架结构示意图

2. 课程指导内容

学生发展指导课程遵循“关注差异、开发潜能、多元发展”的理念，分阶段实施学生发展指导教育，教育主题分别是：高一“尚美启航”、高二“尚美强核”、高三“尚美圆梦”。发展指导教育坚持“让每一位学生走向成功”的教育理念，坚信每个学生都有一定的发展潜能，坚信每个学生都是可以变化发展的，坚信每个学生都有各自的特长和才能。

学生发展指导教育主题

<table>
<tr><th>指导内容
年段</th><th>理想指引</th><th>学业指导</th><th>生活引领</th><th>生涯引导</th><th>心理教育</th></tr>
<tr><td>高一</td><td rowspan="3">德育“主题月”活动、以“美”育人教育、尚美文化建设</td><td rowspan="3">学业导师指导、同伴互助</td><td>尚美文化、爱的艺术、社会情感学习、文明礼仪教育</td><td>生涯规划与指导、生命意义团体辅导、研学旅行、校友引路——大学分享、社团活动——大学先修课</td><td rowspan="3">心理健康活动课、心理咨询、新生适应性心理讲座、心理社团、团体心理辅导、心理漫画比赛、心理定向越野赛、朋辈心理辅导、共创成长课等</td></tr>
<tr><td>高二</td><td>/</td><td>家长引路——职业分享</td></tr>
<tr><td>高三</td><td>/</td><td>大学专业选择系列讲座</td></tr>
</table>

3. 课程体系框架

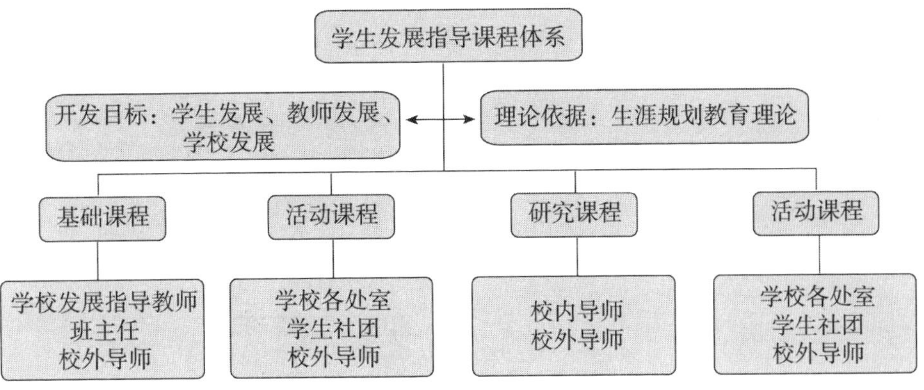

三明九中亮点课程体系框架

4. 课程实施效果设计

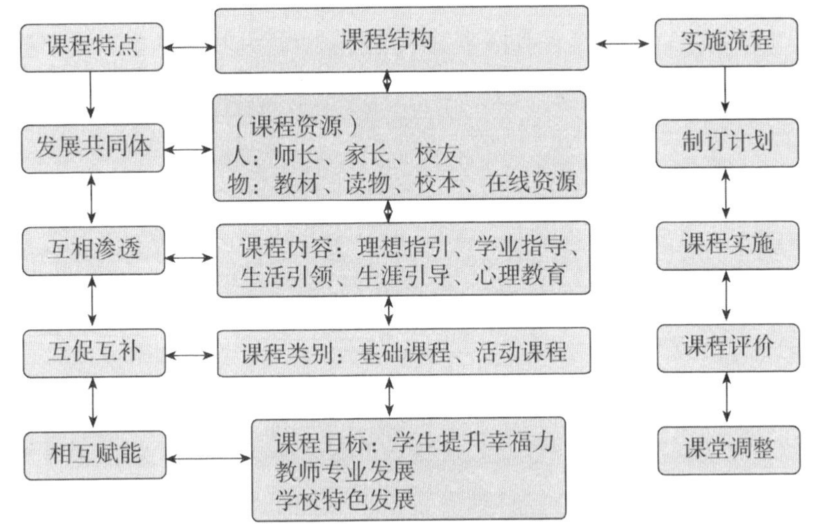

三明九中亮点课程实施效果设计

5. 各类导师在生涯规划教育中的主要任务

成员	成员组成	主要任务
生涯导师	学校心理教师、生涯规划老师	学校年度生涯规划中心计划制订与总结
		学校生涯规划中心教育活动与组织
		生涯教育兼职教师工作指导
		生涯必修课程与系列生涯规划选修课程开设
		实施各项生涯规划问卷测试、建立档案
		协助高一新生下学期“3+1+2”模拟选课 2—3 次
学业导师	教研组长、备课组长（每科 3 人）	各学科学习方法指导
		学生学业指导，各学科三年的主干知识结构普及
		各学科与大学的专业联系指导
成长导师	班主任、年段长、团委教师	每周班级生涯课程开设
		日常班级学生生涯规划辅导
		落实学校生涯规划中心的各项教育活动
外聘导师	各行业人士、高校专业教师、知名校友、家长等	指导学校专兼职生涯教育教师
		学生生涯规划教育指导
		介绍从事职业的必备知识与素养

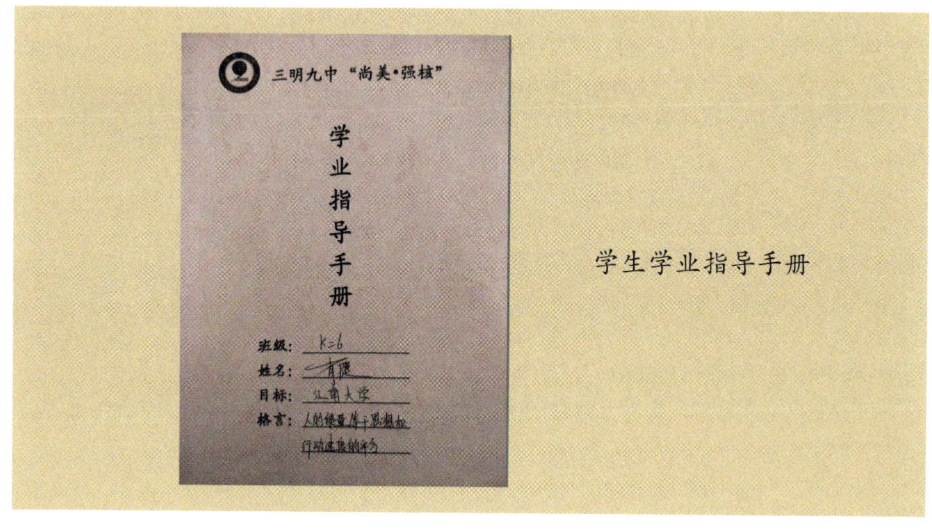

学生学业指导手册

二、开展丰富活动，为亮点生涯“赋能”

生涯课程偏向于理论，而活动更注重实践，只有理论与实践相结合，生涯教育才能更多彩更有效。生涯教育必须开展丰富活动，以活动为“抓手”，开拓学生的生涯观。生涯教育活动不仅使用了传统教学中的讲授法，还借助 PPT、视频、腾讯会议、网络测评系统等现代信息技术手段，丰富活动形式。

1. 开展主题生涯规划活动

为帮助学生认识自我，探索学业发展方向和职业发展兴趣，促进人格完善，提升生命意义和价值，学校开展系列生涯规划活动，在活动中帮助学生在了解自己的能力、特长、兴趣和社会就业条件的基础上，确立自己的职业志向，进行职业的选择和准备。

生涯规划活动包括走进生涯规划、领略缤纷生涯路、绘制我的性格图、绘制我的能力图、绘制我的兴趣图、生涯价值观拍卖会、生涯辩论会、展示我的生涯价值观、云课堂“走进大学校园”、自述从兴趣到职业等等。其中，生涯辩论会是整个生涯系列活动的亮点。生涯辩论会体现以学生为主体的教学理念，通过辩论会，学生明显提升了对生涯规划活动的兴趣，对生涯价值观有了更清晰的认识。

2. 举办多样生涯教育活动

（1）社团活动开拓学生的生涯观。学校目前共有美术与设计类、文学与才艺类、体育与健身类、科学与思维类等五大类常开设的共 40 多个学生社团，丰富多彩的社团活动引导学生积极参加科学艺术活动、生涯教育活动，在活动中提升素养，以积极向上的力量激励学生，促进学生认识自我、发展个性。科学 DV 社连续五年在全国青少年科学影像节获奖，国画社被共青团中央授予“全国优秀中学生国学社团”。学校把社团活动作为建设重点，通过增加师资力量、搭建平台、培训提升、引进专家等多种方式，新开设 3D 科技、创客空间等社团，提升社团活动的品质，打造精品社团，将社团活动打造成为校园文化活动的品牌，为生涯教育“赋能”。

2022 年，科学 DV 社携作品《探究气球压强的秘密》《球速大作战》参加 2022 年福建省青少年科学影像节，分别获一等奖和最佳科学探究奖

2022 年，科技社的两组代表队参加第二届三明市青年科普创新实验暨作品大赛，分别获得第一名和第二名

动漫社团日常活动

瓷器手绘社团日常活动

（2）生涯规划指导讲座。学校学生发展中心为学生开展生涯规划指导讲座，帮助学生认识学科、专业、大学与就业的关系，引导学生学会选择，进行自我选择、自我管理、自主规划，增强学生生涯规划的意识。

2020 年，大学生返校开展专业讲座

（3）生涯游园会。生涯游园会结合了学校心理健康专业教师和学生的力量，通过布置 MBTI 人格测试展板、生涯价值观套圈、房树人心理绘画和心语心愿等活动，让学生尽情探索生涯，认识自我。

（4）生涯规划线上培训。学生发展中心组织教师参与线上生涯规划教育培训课程，通过学习先进的生涯教育理念和方法，为老师成为优秀的生涯导师奠定理论基础。

（5）“寻梦环游”生涯规划作业。寒假期间，学生发展中心分年级布置完成“寻梦环游”生涯探索作业：高一学生进行专业探索，调查理想大学的录取分数线和优势专业，为选科做好准备；高二学生进行职业访谈，选择一位长辈，了解其所在行业的相关信息，为将来选择专业、择业收集信息。通过不同类别的作业，学生利用课余时间探索，拓宽了社会生活的视野，树立了积极向上的人生观。

（6）“生涯榜样”进校园活动。为促进家校合作与联动，让学生与家长更重视生涯规划，学校邀请家委会成员到各班级开展“生涯规划”主题的班会课。各行各业的学生家长讲述自己从学业到就业，再到职场成长的亲身经历，为学生带来了许多生动的案例故事，让学生了解到生涯规划的重要意义，也为学生将来的选择提供了新的思路。学校还通过多渠道开展活动，如研学旅行、校友引路、社团活动、系列讲座等，让学生了解更多的职业状况。

2019 年 12 月，学校开展“家长职业分享进班级”活动

3. 落实个体生涯咨询

学校心理组日常工作包括个体生涯咨询与辅导，来访对象涵盖各年级。辅导内容包括：

自我认知：结合量表与谈话，剖析学生的兴趣爱好及职业兴趣、人格类型、素质能力、职业价值观等。

职业探索：与学生共同探索专业与职业的关系，更深入、细致地分析行业和职业。

职业决策：梳理专业选择、职业决策中的困惑，帮助学生做出合适的专业、职业选择。

经过个体生涯咨询与辅导，学生基本能做到了解自我，结合兴趣、能力和性格进行选科，并认识到学科和专业、大学、就业的关系。同时，了解如何合理规划学业，制订学习目标，统筹学习计划。部分缺乏学习目标的高三学生，通过辅导能找到理想的发展方向，显著提升学习动力。

三、组织红色研学，为亮点生涯“铸魂”

学校以生涯引领和职业探索为主线，通过生涯拓展课程的互动学习、知名高校的参访体验、一流企业的参观交流等活动帮助学生树立生涯意识、拓展创新思维、激发决策行动力；以生涯引领和学科融合为主线，由学科老师带领，通过体验实际场景、参观著名景点名人故居，帮助学生走出课堂，体验生活、体验社会、增进自我认知、提升多元文化意识、发展社会情感能力；开发以地方特色为主的红色研学旅行课程。依托自然和文化遗产资源、红色教育资源和综合实践基地等，在感受中华优秀传统文化的同时，厚植爱国情怀。

1. 红色教育研学

学校积极组织学生参与“风展红旗如画　红色三明”活动，聆听红色故事，依据《三明市第一批红色文化遗址名录》，结合学校条件组织红色教育研学，参观烈士陵园、党史教育主题园馆、故居旧址等红色基地，接受爱党爱国、革命传统教育。在红色研学旅行中整理挖掘红色资源史料，让红色文化在九中学子心中流动，发挥红色文化成风化人、凝心聚力的积极作用。

学校组织红色研学活动

2. 客家文化研学

宁化石壁是客家民俗文化的发祥地，最古老的客家民间艺术、山歌、戏曲从这里推出和流传，最古朴的客家服饰从这里产生，最早的客家礼俗从这里延续。宁化客家民间艺术异彩纷呈，这里可寻觅中原文化的古老痕迹。客家音乐内容丰富，有怀古歌、劝世歌、情歌、革命山歌等，宁化客家礼俗继承了中原汉民族的传统，表现出重孝悌、讲仁义、重教育、讲卫生、重节俭、讲礼仪、热情好客等淳朴民风。通过客家文化研学让学生了解民族文化的传承与发展，增强学生对民族优秀传统文化的自信。

3. **朱子文化研学**

位于尤溪城关水南的朱子文化园，是南宋著名的思想家、理学家、教育家朱熹的诞生地。它展示着源远流长、博大精深的中华文化，是社会教育、文明传承以及文化传播的重要场所。同学们利用研学机会，参观县博物馆、朱子文化苑、开山书院、南溪书院、朱子广场等景观工程，体悟朱子文化、家训文化、书院文化、匾额文化、古建筑文化等文化内涵。

4. **民俗文化研学**

参观泰宁梅林戏、沙县肩膀戏、永安大腔戏等，了解沙县小吃制作技艺，学习制作明溪肉脯干、嵩溪豆腐皮，体验民间剪纸活动等，体验三明各地民间活动，传承三明本土民俗文化，激发对祖国、对家乡的热爱之情。

5. **古文化研学**

走进万寿岩遗址博物馆，参观万寿岩出土的文物：旧石器时代石制品、哺乳动物化石、人类最早的室内装修人工石铺地面等，了解闽台史前文化。

6. **艺术教育研学**

艺术生写生基地研学旅行，参观艺术馆、艺术小镇，接受艺术熏陶。

7. **自然风光研学**

游览三明十大景点，如大金湖、桃源洞、寨下大峡谷、淘金山、瑞云山等风景区，感受雄壮秀丽的自然风光，增进学生心爱家乡的真诚情感。

为了保障研学活动的有序开展，学校制定《三明市第九中学研学旅行运行管理》《三明市第九中学研学旅行社会化合作》《三明市第九中学研学旅行经费保障》《三明市第九中学研学旅行安全保障》《三明市第九中学研学旅行科学评价》《三明市第九中学研学旅行档案管理》等多项制度，全方位为研学活动保驾护航。

参观万寿岩带给我们全新的体验。根据老师的介绍，我们了解到万寿岩遗址的发掘对于福建考古历史有着巨大的贡献。万寿岩旧石器时代文化遗址发现于1999年秋天，旧时器埋藏在灵峰洞和船帆洞内，遗址总面积1200多平方米，发掘面积400平方米。船帆洞下层文化层发现的距今约2万年的人工石铺地面，属全国首次发掘，世界罕见。在万寿岩共出土800余件石制品，少量的鼓角器和20余种动物化石，年代分别为距今18.5万年和1万—3万年。它填补了福建考古历史的空白。这次研学活动，跳出书本，让我们更加直观立体地了解了红色三明的历史文化，在感受璀璨文明之光的同时，更深叹“历史活在这里”。

——摘编自三明市综合实践学校《实践心得汇编》2019级学生陈婧楠心得

第三节　展现亮点　塑造心灵

学校的价值在于创造有力量和生命力的个体，促进个体的可持续和谐发展，让每一位学生都有一片蔚蓝的天空，让每一位老师都无愧于“人类灵魂的工程师”称号。塑造心灵，展现亮点是素质教育的重要内容之一，学校非常重视学生的心理健康教育。近年来，学校通过培训专兼职心理健康教师、开设心理健康课、完善心理咨询室、开展丰富多彩的心理健康活动、开设家长学校等工作，不断开发和拓展心理健康教育的空间，逐渐形成了全方位、多途径的心理健康教育工作机制。

一、机制保障，有力有序

1. 汇聚教育合力

构建了学校—家庭—社会“三位一体”的心理健康教育网络体系，搭建家、校、社联动平台，协同多方力量，为学生心理健康提供支持和保障。首先，发挥家校共育功能，学校成立了家长学校及家长心理教育委员会，通过家长学校定期对家长开展家庭心理健康教育培训。其次，发挥社会育人功能，加强与乡镇（街道）、社区的沟通对接，关注重点特殊生的心理健康。

2. **健全规章制度**

进一步完善心理健康教育工作制度体系，如《三明市第九中学心理健康辅导中心工作制度》《三明市第九中学心理危机干预预案》《三明市第九中学心理档案管理制度》《三明市第九中学沙盘游戏室管理制度》等。健全的制度体系保证了心理健康教育工作的科学、规范、有序开展。

二、队伍建设，专职专业

1. **配好专业教师**

学校现有专职心理健康辅导教师2名，兼职心理教师3名，皆为心理学专业毕业，分别获得国家心理咨询师二级或三级咨询师资格。学校心理健康教育工作逐步形成以心理教师为核心，班主任为主力的格局。

2. **加强队伍培训**

学校高度重视心理健康教育队伍建设。搭建心理健康教育教师专业发展平台，创造条件，支持他们不断提升专业能力和水平。发挥专业教师的示范引领作用，定期为非心理专业教师组织心理健康教育专题培训。

3. **重视教育科研**

一方面，学校以备课组为单位，立足于教学，坚持开展心理健康教育的校本研究，不断提升心理健康教育教学水平和效果。另一方面，学校重视心理健康教育的课题研究，组织课题攻关，解决当前学校心理健康教育面临的新问题。目前，三明市德育专项课题“高中积极心理健康教育实践与研究”“高中社团活动课程化的德育价值及实践研究”（获评优秀课题）已结题，三元区基础教育教学研究课题“家庭教育方式对青春期学生心理健康的影响及策略研究”在研。心理健康教师发表了《论意象在心理咨询中的运用》《我和“意象”有个约会——论意象对话技术在学习心理辅导上的运用》等近10篇CN论文。这些专业领域的研究，既解决了高中学校心理教育面临的一些现实问题，提升了教师专业素质和学生心理健康水平，又促进了学校高质量、有特色发展。

三、条件支撑，好做好为

硬件保障是学校开展心理健康教育的基础。学校开辟专门场地，建设了心理健康辅导中心。心理健康辅导中心建设突出合理性、适用性、友好性、实效性的原则。

“合理性”，即规划分区合理，科学安排好心理组办公室、沙盘游戏室、心理宣泄室、心理教室、小团体辅导室、个体心理咨询室，以便于心理健康教育的规范化实施。

“适用性”，即设施设备类型、功能齐全，无论是个体心理咨询室、团体辅导室等设施，还是学生心理测试系统、学生生涯规划系统、音乐放松系统、沙盘游戏设备、情绪宣泄设备、素质拓展器材等软硬件设备都能满足学校心理健康教育的实际需要。

“友好性”，即营造好温馨、轻松、舒适、阳光、和谐的心理咨询服务，把心理健康辅导中心建设成学生心理加油站和心灵港湾。

“实效性”，即要充分发挥心理健康辅导中心的育人效能，科学合理安排指导中心的开放时间，把心理健康教育与学生生涯规划指导结合起来，把个体心理辅导和团体心理辅导结合起来，把心理健康普查与学生的情绪调适活动结合起来，最大限度地发挥人力、物力资源的作用，为学校心理健康教育提供最有力的支撑。

四、课程教学，入课入心

1. **寓心理教育于活动与体验中**

将心理健康教育纳入学校的日常工作方针和教学计划。心理健康教育课由心理健康辅导中心统一安排，高一开展系列生涯辅导，高二以心理健康辅导活动课为主，高三以团体辅导活动为主。

生涯教育力求促使高中生找到自己的生涯重要问题——“我是怎样的人”“我想做什么”“环境支持我做什么”“我对未来的自己和生活的期待是怎样的”等的个性化答案，并运用生涯知识和能力拥有幸福，勇往直前，创造未来。

高一心理健康活动课“我的‘重要星人’”

高三心理健康活动课“乘着‘希望号’出发”

心理健康活动课的教学内容主要涉及自我认知、人际交往、情绪管理、学习指导等方面，如“我的情绪”“我的‘重要星人’”“友情与爱情”等课。

学校的心理辅导课始终坚持“活动、体验、调适”的心理课教学模式，避免纯理论说教，寓心理教育于活动与体验中。

2. **开发拓展性心理健康教育课程**

学校以心理健康教育组为主导，立足于学生的心理共性问题与实际需要，开发了生涯规划团体辅导、心理拓展训练、情景设计、问题辨析、角色扮演、心理电影、心理知识竞赛、专题讲座等系列拓展性心理健康教育活动课程，进一步丰富了心理健康教育课程体系。

3. **促进心理健康教育与学科教学融合**

学校坚持心理健康教育与学科教学有机融合的教学要求，努力提高教师心理健康教育的能力和水平，教师形成了在课堂教学中渗透心理健康教育的共识。学校充分利用教案评比、青年教师展示课、骨干教师公开课、青年教师拜师等契机，强化将心理健康教育融入学科教学的意识，展示和学习将心理健康教育与学科教学融合的技巧、方式，鼓励教师充分挖掘课程教材蕴含的心理要素，并根据教学实际加以内化，提升教师在学科教学中融入心理健康教育的能力和水平。

五、文化活动，多姿多彩

1. **精心构建“心灵驿站”咨询室**

做一个善于倾听的心理老师，才能发现生命故事中的积极力量。真诚倾听能引导来访者重新叙述自己的故事，发现新的角度，产生新的态度，从而产生重建的力量。

学校的心理咨询室“心灵驿站”，是学生倾诉烦恼、解决焦虑和困惑的地方。心理咨询室有2位心理教师值班，采取3种途径进行：一是面谈的方式，来访者与咨询室老师面对面地交流、沟通；二是电话咨询，学校开通了心理咨询专线；三是网络咨询，采取QQ聊天工具和电子邮箱的方式进行咨询。

我们的咨询方式灵活多样，可以请进来，也可以走出去；保证开放时间（工作日每天6小时，周一至周四延长到傍晚7点），可预先约定时间。学校的绝大部分同学已经从对学校心理健康工作的不理解、困惑、恐惧中走出来，真正把心理咨询室当作自己的“知心朋友”。来过咨询室的同学，普遍感觉是“蛮好”“收获很多”，并被咨询室辅导老师的真诚、热情所打动。

2. **加强心理健康教育宣传力度**

学校心理健康辅导中心充分利用橱窗宣传栏、校园广播节目《心灵之声》、心理报、心理期刊等渠道，加强宣传心理健康方面的基本知识。通过学校“心灵驿站”版块、微信公众号和心理健康辅导中心微信公众号，普及心理健康知识和推送学校心理活动。2021年开始，学校心理健康辅导中心微信公众号真人脱口秀节目《河鱼说》正式上线，该节目以心理健康为主题，以科学的方式吐槽，用健康的金句辟谣，探索科普新模式，在欢声笑语间帮助大家了解心理学，重视心理健康，提升心理健康水平。

3. **开展丰富多彩的心理健康教育活动**

（1）心理健康教育专题讲座。学校心理教师每学年开展新生入学适应心理讲座、青春期心理讲座、高三解压心理讲座，帮助学生增强调控自我、适应环境的能力。

2019 年 5 月，邀请三明市永安总医院的心理治疗师陈美英开展《积极心态迎高考——心理调适与技巧》讲座

心理健康辅导中心开设《乐观归因　心向阳光》心理辅导讲座

（2）心理健康主题月活动。学校心理健康辅导中心于每学年 4 月开展“心理健康主题月”活动，活动内容形式多样：发放心理报，举办沉浸式互动体验心理艺术展、生涯规划游园会，开展心理班会、主题团体心理辅导、心理挑战越野赛、心理讲座、学生“心理征文”比赛和“心理漫画”比赛、现场心理咨询等活动。这些活动有利于营造积极、健康高雅的育人氛围，促进学生全面发展和健康成长。

生涯游园会之价值观选择

生涯游园会之心理绘画分析

职业万花筒海报设计比赛获奖作品（部分）

（3）团体心理辅导活动。学校心理健康辅导中心已开展过近百次的团体心理辅导活动，如心理联络员系列团体心理辅导活动，高一高二“能量流动，爱流通”成长团体心理辅导活动，“我快乐，我成长”团体心理辅导活动，“高三路漫漫，我们一起走”团体心理辅导活动，“嘿，加油吧！”高三心理素质拓展活动，新教师入校适应心理辅导，班主任团体辅导活动等。

2020 年高考前夕，开展“嘿，加油吧！”高三心理素质拓展活动

（4）招募心理联络员，开展朋辈心理辅导。学年伊始，学校心理健康辅导中心向各班招募心理联络员，入选的心理联络员自动纳入自在心声社团。其活动主要宗旨是“认识自我，分享心情，解除困惑，真诚共情，开发潜能，助人成长”。校本选修课上，能够看到学生对于心理知识有很大的兴趣，对心理联络员这份工作也有了较强的认同感，并在培训以后能及时关注班级特殊生，并有意识地运用所学知识进行访谈。

心理联络员是学生和老师心灵沟通的桥梁，负责实时跟踪班级心理动态，提供心理咨询反馈，与需要帮助的同学谈心，并向广大同学传达心理健康活动资讯。心理联络员知识技能大赛和现场心理咨询比赛都能看到心理联络员的风采，他们是朋辈心理健康辅导工作的中坚力量。

第一届“心理联络员助人技能”比赛

（5）打通学校、社会、家庭教育的渠道。在心理健康辅导中心的接待室里，接待的不止有孩子，也有对孩子满怀期待却又充满困惑的家长朋友。孩子到底需要什么？是锦衣华服还是珍馐美食？在心理教师眼里，所有的问题背后都隐藏着孩子对爱的渴求，孩子最需要的是父母的爱。而父母能给予孩子最好的爱，不是房子、金钱，而是陪伴。孩子需要的是，你是我的保护神，你是我喜悦的共享人，你是我悲伤情绪的抚慰人。

长期以来，学校重视社会、家庭教育的作用，通过家长会、家校共同体活动、家长约谈、家访等活动，努力把学校、家庭、社会教育积极地紧密结合起来，充分发挥各自的作用，力争为学生营造一个优良的生活环境、教育环境，使学生能够健康地、全面地发展。

六、隐患排查，预防预警

根据教育部《中小学心理健康教育指导纲要（2012年修订）》和《福建省教育厅关于进一步加强福建省中小学心理健康教育工作的意见》，为了更好地帮助有严重心理问题的学生渡过心理难关，及早预防、及时疏导、有效干预、快速控制学生中可能出现的心理危机事件，降低学生心理危机事件的发生率，学校拟定三级心理预防模式，制订学生心理危机干预实施办法：一级预防——健康促进，预防发生；二级预防——早期发现，预防恶化；三级预防——危机管理，预防再发。

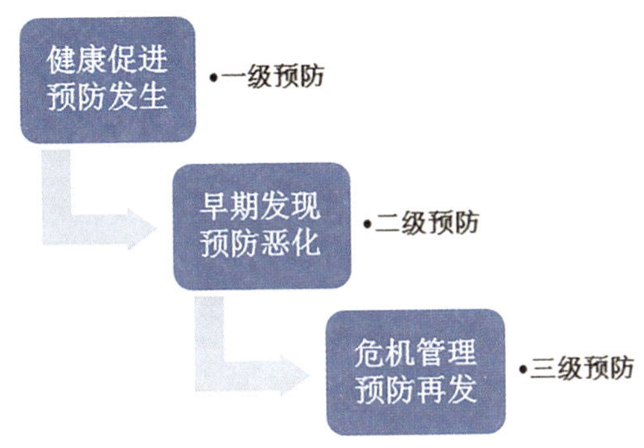

三明九中三级心理预防模式

1. 全员、全学科渗透心理健康教育

全体教师对学生进行生命教育、自我意识教育和危机应对教育。学校在学生中大力普及心理健康知识，引导学生树立现代健康观念，针对学生中广泛存在的问题开展教育；组织形式多样的心理健康教育活动，在学校形成良好的心理健康氛围；通过主办主题鲜明的特色班会，帮助学生优化个性心理品质，提高心理健康水平。

2. 心理健康“三步走”筛查机制

心理健康普查是发现学生心理隐患的有效途径之一。学校高度重视心理健康普查，并将其作为心理健康辅导中心的常规工作。每学期初，学校对学生进行全员心理大普查，普查采用“三步走”策略：第一步，借助心理健康量表筛出有潜在心理风险的学生；第二步，采用抑郁焦虑量表进行第二轮筛查；第三步，对检出学生进行一对一约谈，评估心理危机风险，确定危机等级，并根据不同情况，联合年段、班主任，及时采取关爱、辅导、干预等措施。心理健康辅导中心建立特殊生心理档案，详细、全面地掌握学生的心理健康状况，为开展有效的心理健康教育提供科学依据。

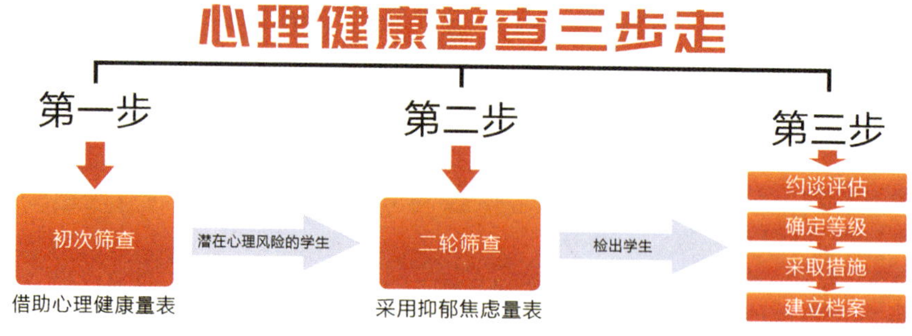

三明九中心理健康“三步走”筛查机制

3. **心理健康四级网络化服务体系**

一级网络：三明九中学生发展指导中心，负责指导心理健康和危机干预工作。

二级网络：三明九中心理健康辅导中心，负责全校心理健康教育指导工作和日常心理咨询、教学与研究工作。

三级网络：年段心理健康辅导站，负责指导本年段学生组织，汇总年段心理异常学生信息，实施初步心理干预，视情况发送至学校学生心理健康辅导中心；积极开展心理健康教育知识宣传，落实全校性的心理健康教育活动。

四级网络：班级心理联络员。他们是传播心理健康知识的“宣传员”、学生心理动态变化的“观察员”和班级心理健康工作的“信息员”。

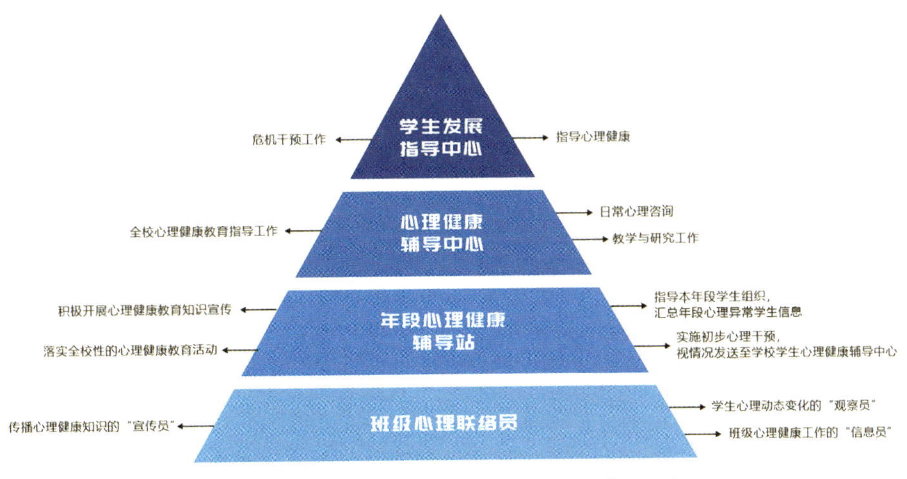

三明九中心理健康四级网络化服务体系

七、家校配合，群策群力

家庭教育共同体遵循家长自愿互助原则，开展家庭共育互助，推进家庭共融互学，构建家庭的纽带联接，促进学生健康成长。

家庭教育共同体以学生学习小组为单位，每个班级根据学生的家庭背景、学习情况、性格等实际情况，在自愿的基础上，每个班级成立 6—8 组家庭教育发展共同体，每个共同体 6—9 人。每个共同体设立 1 名召集人，1 名联络人，共同体内的每一个家庭都有分工，每一位家长都有活动，每一位学生都是成员。

1. 优秀理念是家庭教育的指引

（1）理念一：“孩子生来是满分的。”家庭教育共同体核心的理念是坚信“孩子生来是满分的”。该理念与学校办学理念“让每一位学生走向成功”以及“亮点德育”契合。正如某位共同体成员所说：“在经过了多年的实践和观察我们发现了，家长不断地做着减分的事情，破坏了孩子的生长规律，导致孩子出现各种问题。”

（2）理念二：“家长好好学习，孩子天天向上。”列夫·托尔斯泰说过：“全部教育，或者说千分之九百九十九的教育都归结到榜样上，归结到父母自己生活的端正和完美上。”家庭教育共同体成员肯定了家长的行为在学生成长过程中的重要作用，主张为了孩子的成长，家长应该“好好学习”，掌握科学的教育方法和观念。只有家长自我成长，自己真正发生改变，在学习中不断进步，孩子才会发生改变，“天天向上”。

2. **多维度切入是家庭教育的保障**

（1）理想引领。高中教育在人才培养中起着承上启下的关键作用，秉承“让每一位学生走向成功”的理念，家庭教育共同体倡导加强理想信念教育，家庭互助，引导学生树立正确的国家观、历史观、民族观、文化观，涵养境界美。

（2）心理疏导。通过家庭教育共同体的小组家庭的互动活动，增进家长间的交流，让家长更了解孩子，帮助家长采取更适当的教育方式；促进学生之间的交流，促进学生人际关系和谐发展，形成健全人格，润泽心理美。

（3）学业互助。家庭教育共同体的关键作用是帮助学生更好地适应高中学习生活，通过家庭小组之间学生的学习方法交流、共读经典分享、高效作业行动、学业状况分析等学业互助行动，提振学习信心，提高学习效率，提升学业水平，培育学习美。

（4）生活引导。通过家庭小组开展研学旅行、户外文旅活动、家庭厨艺分享、为亲人庆生、生活技能交流等活动，家长之间、学生之间、家长与学生之间增进情感，共同提升生活品质，养成健康生活方式，引导学生珍爱生命，健康成长，感悟生活美。

（5）生涯指导。发挥家庭职业背景和资源的优势，实现资源共享，信息共通，通过开展职业体验等活动，家长、学生与学校生涯导师共同进行生涯选择，做好生涯管理，帮助学生在选修课程、选考科目、报考专业等方面做出适合的选择，发展生涯美。

家庭旅行，在路上成长

政教处　杨小辉

把家庭旅行（含家庭旅行策划）作为家庭教育共同体的中心活动原因有三：一是符合党的教育方针和学生综合素质评价的需要，二是当前家庭旅行的普遍性及可行性，三是家庭旅行（含家庭旅行策划）对学生成长有重大意义。对于中学生来说旅行是社会实践的重要途径之一，通过在旅行前针对旅行中的交通、饮食、住宿、安全做足调查工作，旅行中有针对性地准备预案，在享受各地美景、美食与历史文化的同时，增长见识，可以释放压力、锻炼身体、开阔眼界、广交朋友、锤炼意志及重识自我，对成就一个成熟的心智大有裨益。此外，还能增进家庭成员之间情感交流。从某种角度看，旅游在促进中学生健康成长中的优势，是其他任何事物都不可替代的。

疫情期间，在学校的倡导下，各班家庭教育共同体根据《三明九中家庭教育共同体研学旅行方案》开展活动，家庭之间组织的家庭旅行有30余次。2020年，受到疫情影响，学校暂停了这项活动，改为各家庭自主旅行。但不管是学校组织倡导的家庭之间的旅行还是单个家庭自主组织的旅行，学校总体要求不变——旅行的策划、组织、协调、问题的解决等工作主要由学生完成，家长除了提供经费和一定指导意见外，不做过多干预。

如2020年8月暑假期间，高二（7）班王海花同学与父母到了南京旅行。放暑假后，王海花同学与父母商量确定了旅行预算大概在8000元内，之后，她着手撰写“王海花家庭旅行计划书”。她根据父母给的预算，结合自己高中历史课堂的学习，确定旅行地点为六朝古都——南京。接下来，王海花通过网络查阅三明往返南京的路线，确定乘坐动车出行，根据父母喜好及个人对高校的向往，确定了明孝陵、中山陵、夫子庙、秦淮河、南京大学等景点。再通过网络上的旅行攻略及向亲戚朋友咨询，确定了南京旅行4天的具体行程路线和食宿安排。此外，王海花还在计划书中特别提到家庭成员的注意事项，如身份证、手机充电器、现金，以及“爸爸的剃须刀”“妈妈的面膜”“我的自拍杆”“给爷爷奶奶要带的礼物”等。在其父母的要求下，王海花还充当了“家庭旅行讲解员”的角色。为此，她把高中历史课本也带上，并且通过阅读书籍和浏览网页做了大量关于明孝陵（朱元璋）和孙中山的人物事迹以及当地风土人情和美食文化调查。这些具体详实的知识大大扩充了王海花的历史、地理知识。

2020年10月，在高二（7）班的家长会上，王海花的爸爸作为家庭教育共同体代表向全班家长分享了“王海花家庭旅行计划书”以及南京旅行的整个过程，对王海花在旅行环节中展示出的发现问题、解决问题的能力以及沟通协调能力作了肯定。他说：“以前都是我和她妈妈在负责，这次我和她妈妈都很轻松，很享受。我感觉她成熟了很多。”

共同体重点围绕理想引领、心理疏导、学业互助、生活引导、生涯指导等五个方面开展以“学习、劳动、旅行”为中心的活动。三年多来，在家庭教育共同体模式引领下，共开展了70余组次“尚美阅读，品味分享”主题的家庭阅读经典活动；150余组次“学习提升，交流引领”主题的学习方法交流活动；30余组次“文化浸润，旅行感悟”主题的家庭户外文旅活动；25组次“美好生活，家庭共享”主题的家庭研学旅行活动；70组次“职业体验，角色扮演”主题的职业生涯体验（进校园）活动；60组次“热爱生活，提升品质”主题的生活技能交流活动；26组次“感恩亲人，学会回馈”主题的感恩互动展示活动；90余组次“提升质量，管理时间”主题的高效作业交流活动；90余组次“学会分析，总结提升”主题的高中学业分析活动。此外，学校还倡导家庭教育发展共同体主动开展提升学生核心素养的各项各类活动，如家庭教育精品故事、家庭教育电影欣赏、家庭教育成长日记、我家的家训家风等活动，使家庭教育发展共同体真正成为一个增进情感、交流提升、共享互助的团队。

教育一直在路上

2019级高二（2）班陈兴炟同学家长　陈新使

前些日子，孩子的班主任给我看了学校有关家庭教育的文章，让我也写一篇相关的文章，细想来这十七年中与孩子一起成长路上并没有什么特别之处，一时不知如何下笔。因为教育没有固定模式，教育更不是单一活动，它是多元化动态合力体系。每个孩子都是独一无二的个体，自从得知怀上孩子后，我们的目标就不是强求孩子能大富大贵，能成就辉煌，只希望孩子一生能平安快乐地学习、生活、成长，人生能充满阳光积极向上，将来会生活，把日子填满有趣即可。得到班主任的嘱托，现我就目前使孩子健康快乐成长写一些粗浅感想吧。

第一，创设家庭氛围，经营好自己的家。家是孩子的第一所学校，这所学校里所有关系中呈现出的状况将是孩子除知识性教育外唯一的引流，这也是我们常说教育的润物虽无声，但能“于无声处听惊雷”，如夫妻间相处的关系，对待长辈的态度，兄弟姐妹间的关爱，和邻里的共处等都是孩子内心自我成长的模仿或参照物。不可忽略原生家庭对孩子一生的影响力，而且这种力的作用是相互的。

第二，打破教育瓶颈，定凡事第一原则。陪伴孩子成长的路上，要明白第一性原则，即在事件发生的第一时间，教给孩子第一重要的知识。在孩子成长路上，会遇到各种各样有关教育的问题，有的甚至要孩子用一生来作答。如在幼儿阶段，有各种的好奇，特别是在孩子第一次面临某一危险时，我们就要正面准确陈述并告知带来的后果，而不是简简单单去制止其行为。在小学阶段，孩子会对生命好奇，这时我们就要给孩子正确科学地解释有关生命来源的知识，并告知孩子是带着我们爱的期待而来到这世界的，而不是随性敷衍地乱答。在中学阶段，青春期的各种萌动，如恋爱、同学关系等等，我们都要在问题第一次出现时，与孩子进行有效沟通，分析问题，明确态度。我们与孩子一层层去拨开事物表象，看到其里面的本质，再从本质一层层往上走。这也让我时常感到教育魅力之所在，去享受这过程，不要太在意结果。

第三，坚持做好自己，生活就是教育。每个父母都是孩子最好的老师，要向孩子展示出真诚的一面，在一些教育方法上不要盲从大多数家长的选择，避免人云亦云，而应该多读些教育理念或教育心理学的书，结合孩子自身的个性形成我们自己的教育理念，并在日常生活中去践行。我们要让孩子养成爱劳动的习惯，告诉孩子每个人都是家庭的一分子，必须为这个家出力，这是责任与担当；我们要带孩子在大自然探险中共同去发现美，增强捕捉美、欣赏美的能力；在重大节日、纪念日，或者生日，甚至是突发奇想的某些日子里，我们要带孩子做一些带有仪式感的事情，比如吃顿大餐，送一份礼物，去看一场电影或者出去看看美景……我们要用各种形式让孩子与我们共同去体味生活、热爱生活、感恩生活。

教育家陶行知认为：“生活与生活一摩擦便立刻起教育的作用。摩擦者与被摩擦者都起了变化，便都受了教育。”这也是我一直崇尚的，教育应当在生活中学习成长，不仅仅是我们从孩子身上读到对生活认真、尊重、敬畏且热爱的态度，更是让孩子看到我们作为父母自身对生活态度的折射。在生活中，孩子又何尝不是我们的老师啊！

当然，在教育方法上，千万个家庭有千万种方式，并各有特色和优势。我们的方法不一定就是最合理的，但我想，只要是能达到有效沟通，让孩子乐观向阳、积极健康地成长的方法就都是好方法。作为家长的我，在孩子的成长路上，愿意用心用力为其播撒一缕阳光，希望能让孩子在人生的道路上时常收获一束暖阳。“轻盈数行字，浓抹一生人”，父母与孩子就如光与影子，且歌且舞，让我们一起成长，一起进步。

——摘编自三明九中家庭教育心得汇编《家长说》

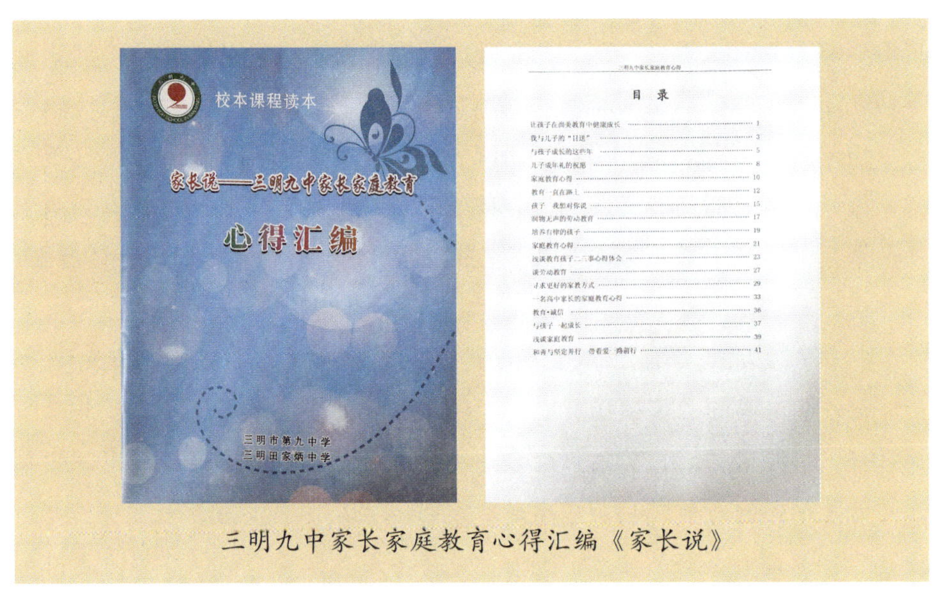

三明九中家长家庭教育心得

目　录

三明九中家长家庭教育心得汇编《家长说》

三明九中在家庭教育共同体模式下，倡导的系列活动经过三年多的实践收获了一些成绩，得到了学生和家长的支持与认可。今后，学校将通过家长学校的“班主任茶座”“父爱如山”“妈妈的‘唠叨’”等活动平台向家长、学生传递更多的家庭教育理念和方法，让每个孩子都更加积极，每个家庭都更加和谐。

入班分享——家庭教育共同体开展“妈妈的‘唠叨’”“‘过来人’的演说”等分享活动

共话学习——学校定期开展家庭教育共同体活动

学校开展集体家访活动

第四节　凸显亮点　体验劳动

2018年9月，在全国教育大会上，习近平总书记强调："要在学生中弘扬劳动精神，教育引导学生崇尚劳动、尊重劳动，懂得劳动最光荣、劳动最崇高、劳动最伟大、劳动最美丽的道理，长大后能够辛勤劳动、诚实劳动、创造性劳动。"为帮助学生树立热爱劳动的观念，学校将劳动教育渗透在学生的日常学习和实践中，致力于满足学生的成就需要，帮助学生树立自信心，依靠自身的努力达到成功，从劳动的获益中得到满足。

在劳动实践活动中，学生独自完成难度较大，小组合作是实践最好的组织形式。在实践中，提倡团结协作，建立竞争机制，鼓励小组间互相竞争。学生既学会了合作，也使学生的个性得以发展，特长得以锻炼，素质得以提高。

一、多措并举，提升实效

1. 整合落实课程

学校把劳动教育作为重要的育人手段，将劳动与技术作为综合实践活动课程加以落实，根据劳动教育与技术课程纲要，结合学校实际情况，编订《三明九中劳动教育读本》，认真落实劳动教育课程内容和课时，保障学生接受系统的劳动教育。开展综合实践活动，按要求组织学生参加社会实践和社区服务，并纳入学生综合素质评价。

2. 加强校园劳动

在校园卫生、教室卫生、环境绿化美化、住宿生内务整理等方面，为学生提供劳动机会，让学生自主参与劳动。依托学生成长记录、文明班级量化奖励机制，充分调动广大学生参与校园劳动的热情，提高责任意识。尽可能减少校园保洁外包服务，提倡凡是学生力所能及的劳动任务由学生自主完成。

3. 拓展校外服务

普遍开展志愿者服务活动和社会实践活动，并将此作为校外劳动、校外服务的重要环节和路径。利用学校广播站、LED显示屏、学校宣传栏等载体广泛宣传，同时加强教学方法研究，特别在手工技艺体验、劳动实践、职业生活体验、社区服务实践等方面为广大学生接受劳动教育提供优质多样的平台。

二、氛围营造，打造阵地

学校借力德育部门开展劳动教育系列活动，帮助学生树立劳动意识，掌握基本的劳动技能。

1. **开辟——教育需要实践**

培育德智体美劳“五育”并举、全面发展的时代公民，是教育的长远发展目标。劳动教育需要引导中学生养成热爱劳动的习惯，培养吃苦耐劳、艰苦奋斗的精神，树立劳动最光荣的理念。学校利用地理位置的优越性，在校内开辟占地面积约3000平方米的茶山作为劳动基地，让劳动教育活动变得鲜活可见。

2. **布局——课程需要有序**

依托茶园劳动教育实践基地，定期开展茶叶采摘劳动教育实践活动。茶叶采摘劳动实践开始之际，由本校懂茶的教师给学生讲解绿茶的相关知识，教授采摘茶叶的手法。采摘结束后，学生将亲手采摘的茶叶带到食堂，向炒茶师傅学习制茶工艺。在学习过程中，同学们了解到绿茶的制作大致分为摊青、杀青、揉捻、烘焙等步骤。

3. **体验——活动需要乐趣**

真真实实感受劳动艰辛。让每一位学生都进一次茶山，亲手劳作一次，在体验欢愉的同时，也感受劳动的艰辛。

开开心心学习采茶、制茶知识。近距离感知茶叶的制作工艺，加深对茶文化的理解和认识，体验劳动的艰辛和乐趣。

快快乐乐体会劳作成果。丰收，是同学们最幸福的时刻，同学们可以将部分劳动成果带回家，和家人一同品茶。

真真切切感悟中国传统文化。师生在劳作、管理的过程中，感受到了同学之间协助的重要性，敬劳动之礼仪得以彰显。

春日百花艳　茶香最风华｜三明市第九中学开展春茶采摘劳动教育实践活动

春茶岭上香，九中学子采茶忙；日落家园返，践行劳育向未来。为让学生进一步树立热爱劳动观念，同时也为推动传统茶文化更好地传播，4 月 3 日下午，三明市第九中学开展春茶采摘劳动教育实践活动。

学生进入茶山

春风化雨茶园香，皆是我辈上山摘

活动伊始，程艳雯老师给同学们简要讲解春茶的相关知识：春茶一般由冬后茶树第一次萌发的芽叶采制而成。因春季温度适中，再加上冬季的休养生息，故而叶肉肥厚，含有较高的维生素，且色泽绿润，香气宜人。

老师讲解采茶要领

同学们步入茶园深处，在老师的指导下学会了区分新老茶叶和采摘芽叶的方法。

①掐采：又称折采，凡细嫩的标准采摘包托顶、撩头都应用这一手法。

②提手采：这是适中标准采摘的手法，大部红绿茶区均用之。

采茶现场

③双手采：这是提高采茶工效的先进手采方法，比单手采效率高很多。

采摘是用食指与拇指挟住叶间幼梗的中部，借两指的弹力将茶叶摘断，不同的茶采摘部位也不同。

分享采茶收获

春风和煦，同学们在茶园中躬身采摘的同时，也向老师提出自己关于茶文化的疑问。在老师生动的讲解中，同学们对茶文化有了更深层次的了解和体悟。

品味浓香知古意　人生如茶沏芳华

采茶结束后，同学们来到学校食堂学习制茶工艺，了解绿茶的制作大致分为摊青、杀青、揉捻、烘焙等步骤。

炒茶

同学们亲自上手，在一步步的制作过程中体会制茶的妙趣，享受劳动带来的快乐。

茶汤清澈似人生　淡淡苦涩皆磨砺

“风前何处香来近，隔崦人家午焙茶。”茶香阵阵，随风飘散在校园的各个角落。同学们闲暇之余，冥然兀坐，喝杯自己亲自采摘炒制的清茶，真真切切感受到了劳动带来的喜悦以及中国茶文化的美妙。

品茶

千古茶韵，幽幽茶香。春茶采摘已成为我校的一项特色劳动教育实践活动。同学们通过动手采茶，近距离感知茶叶的制作工艺，加深了对茶文化的理解和认识，体验了劳动的艰辛和乐趣。

——摘编自公众号“三明市第九中学”

三、特色凸显，打磨社团

学校除了开展绿茶采摘、烘焙等劳动教育实践之外，还依托“尚美”文化特色，打磨高品质的劳动教育社团。

学校开设的劳动教育社团有陶艺社、木工社、手工社、版画社等，这些社团激发了学生参与劳动实践的积极性，提升了学生的艺术鉴赏品位。

1. 陶艺社团

陶瓷是人类文明史上最早出现的一种艺术形态，这种形态是所有艺术门类中最单纯和最简洁的。它凝聚了土的深沉，水的灵气，气的飘逸，最为壮观的是融合了火的激情，在熊熊烈火的洗礼之中铸就了永恒。

在陶艺社团中，制作人先将一块揉练好的直径约 10 厘米的泥团放在轮盘上，转动陶轮轻轻拍打泥团，使泥团尽量拍打在轮盘中心，并拍成上小下大的锥形。当陶轮快速转动时，轮盘上的黏土，由于离心力作用而向外舒展。对这种力量的运动加以控制，便是拉坯法的基本原理和由来。学生在拉坯成型时可以将自己的感受通过双手在陶轮上的操作得以体现，同时眼与手、脚高度协调，是一项奇特的全身默契配合的实践活动。

陶艺社活动

2. 木工社团

木工设计与制作是一项能培养学生动手、动脑，启发创造性思维的重要活动，是教师引导学生发挥想象力、创造力的教育活动。参加木工社团的学生共有 50 余名，虽然学生的能力参差不齐，但他们对木工制作的浓厚兴趣，为社团活动的开展奠定了良好基础。

在社团活动中，教学生木工操作的基本技巧和方法，锻炼学生的动手能力，陶冶情操，帮助学生在兴趣中学习，自信中进取。通过这些活动，学生的观察能力、动手能力、创造能力得到提高，同时也让学生学会废物利用，提高审美能力和美化生活的能力。

木工社活动

3. 手工社团

主要以刺绣作品创作为主。经过学生们的集体构思和巧手制作，那些看似平常的材料变成一件件极具装饰性的艺术品。培养学生的动手、动脑能力，合作意识和创新精神，丰富学生的课余生活，美化生活环境。

手工社团的第一阶段是钻石画创作，同学们提前准备不同的钻石画，通过看课件认识、欣赏手工刺绣，了解刺绣的材质特性；在自由创作练习阶段，同学们的练习内容从单一到复杂，作品从平面到立体；最后以每人一幅完整的拼贴创作作品结束训练。

手工社活动

第二阶段是种子、布料手工制作练习。这一阶段主要以各种粮食和各色布条两项材料为主。分析、学习这两项材料的特性，鼓励学生动手、动脑，进行合作学习，利用手中的材料集体制作。制作中，学生们共同讨论、互相研究，虽然制作手法不同，但作品各具特点。

4. **版画社团**

造型艺术之一，集多种艺术手法于一身的社团。其情感丰富的刀法、变幻莫测的拓印技巧和独特的艺术语言，组成了版画特有的艺术内涵。版画制作中最有魅力的部分是刻板，学生以刀代笔，在不同性质的板材上创造出美丽的形象。它的创作过程包括画、刻、印三个环节。其中，“画”是根本，“刻”和“印”要力求体现原“画”的精髓。这个阶段的作品称之为“复制版画”或“传统版画”，其功能是“模仿”及“还原”名家或画匠的作品。版画的艺术价值丝毫不逊于其他任何一种艺术种类。木版画在刀味、板味、纸味和印味方面，在选材、刀法和拓印技巧方面，既能做到趣味盎然，又能完美地体现主题的内涵，极具观赏价值。

版画社活动

四、广泛借力，拓宽渠道

学校的劳动教育不拘泥于学校和家庭，学校还与社会机构沟通、合作，借助社会力量，形成教育合力，共同落实立德树人目标。

1. **研学活动促情怀**

学校通过组织学生参观三明各县区红色教育基地、三明市岩前实践基地等一系列研学活动，让学生亲自参与种植、采摘等劳动实践活动，体验劳动的乐趣，将劳动与学习结合，激发爱国家、爱家乡的情怀。

研学活动——学习制作游浆豆腐

2. 公益行动传美德

与社会公益团体合作，定期带领学生去荆东社会福利院、道德模范家庭、困难家庭等地献爱心，拓宽教育和实践范围，达到劳动育人的目的，继承和发扬中华民族尊老、爱幼、扶弱的传统美德。

公益活动——协助市图书馆工作人员整理书籍

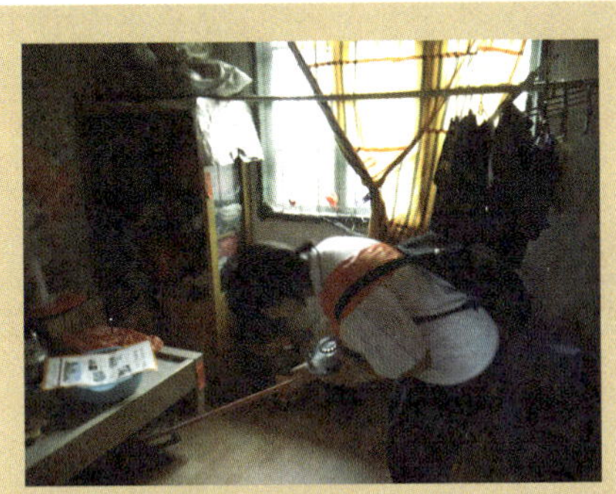

公益活动——至“空巢老人”家中帮忙整理家务

公益活动——到荆东社会福利院献爱心

五、以评促建，完善机制

引导学生自觉端正劳动态度，主动参与评价，是取得良好劳动效果的重要保证。结合学校的评比制度，从训练目标、达标要求、指导要点等几个环节对学生进行考核评价，以评促建，让学生个性得以发展，特长得以锻炼，素质得以提高，最终达到立德树人目标。

学生自评。学生随时检查自己是否已做到，做得对不对，与要求有多大差距，及时调整。

学生互评。同学相互启发帮助、互鉴互评。

家长评价。学生在家的劳动实践活动，由家长给予评价。

教师评价。在上述评价的基础上，再由教师对学生作全面的评价，重点放在总结经验与明确下一步的努力目标上。

三明九中将进一步加强劳动教育科学研究，充分利用校内外资源，继续打造具有特色的劳动实践基地，引导学生崇尚劳动、尊重劳动，在劳动中提升综合素质，促进全面发展。

第五节　田中亮点　传承风骨

2006 年 11 月，在福建省教育厅的推荐下，田家炳先生捐助学校 250 万港币兴建教学综合大楼，自此三明市第九中学多了一个校名——三明市田家炳实验中学，学校多了一位名誉校长——田家炳。

三明市田家炳实验中学命名庆典仪式（左图居中为田家炳先生）

一、体验学习，共创成长

2012 年，学校引进田家炳青少年正面成长计划研究小组和田家炳基金会授权的“共创成长路”课程。为了深入学习共创成长课程，学校积极组织教师参加田家炳基金会的论坛活动，多次派教师远赴甘肃白银和吉林长春等地的田家炳中学学习经验。

“共创成长路”丰富多样的授课形式

田家炳老先生说“中国的希望在教育”。学校传承田老遗志，立足校情、学情，在主题班会和心理课程中不断实践完善，将“共创成长路”纳入学校德育课程体系。采用体验式的教学模式，让学生通过活动体验逐步改变自己的行为模式，实现德育中知情行统一的目标，培养学生优秀品质和美好心灵。

二、奖学敦品，笃行向学

“田家炳荣誉奖学金”由香港田家炳基金会设立，旨在鼓励品学兼优、有志服务社会、在高考中取得优异成绩的优秀学生。凡是考取清华大学、北京大学、浙江大学、四川大学、厦门大学、西北工业大学等 25 所重点大学的学生，均有机会获得香港田家炳基金会颁发的田家炳荣誉奖学金。

田家炳奖学金颁授仪式

田家炳教育基金会举办的每一届教育论坛，学校都积极派遣优秀教师前往参加，与来自全国各地的优秀教师一同研讨，学习交流。

学校积极派遣优秀教师参加田家炳教育基金会活动

学校将传承田家炳先生敦品励学的教育理念和履仁崇义的崇高精神，用田中精神铸魂塑心，使亮点更亮。鼓励学生自强自立、自律成才，激励老师淡泊名利、无私奉献！

学校开展纪念田家炳先生百岁诞辰主题活动

千川汇海阔，风好正扬帆。我们将永远铭记田家炳老先生的遗志，秉承老先生履仁崇义的大爱精神。为学者，将一如既往孜孜勤勉，于学海中奋楫扬帆；为师者，亦牢记使命，不忘初心，心怀木铎，素履之往！

第五章

党建引领　群雁高飞

第一节　创新引领始终在路上

一个团队要想永远保持先进性，前提是它必须有一个科学的构建模式，这样团队的发展才有创新的可能。三明九中党总支基于此思路，构建了一个引领、三个培养、两个推进的“132”党建模式。

一、一个引领：充分发挥党总支的作用

总支支委共 7 位，其中市名校长培养对象 1 人，省学科带头人 1 人，市名师培养对象 1 人。他们带头讲党史、开党课、讲政治，处处起示范带头作用。学校党总支于 2019 年被中共三明市委授予“全市先进基层党组织”称号，2021 年被中共福建省委授予“全省先进基层党组织”称号。

学校党组织荣誉（部分）

学校党总支纪检委员兼工会主席陈德魁老师就是一个引领示范的鲜活例证，他在本职岗位中发挥了先锋模范作用，为群众树立了良好的榜样。

作为一名共产党员，陈德魁老师深知一举一动都会直接或间接、部分或全部地影响到身边同志的工作热情。所以，在日常生活和平时的工作中，他坚持不断学习党的路线、方针和政策，牢固树立正确的世界观、人生观和价值观，坚定共产主义信念。工作中，时时刻刻用党员的标准严格衡量、约束自己的言行，不断增强党的观念，加强党性修养。近三年，他参加了省“十二五”骨干教师培训，国家青年教师骨干培训，从一名市级骨干教师成长为市级学科带头人。在与同事相处时，他总是以“与人为善”的心态对待每一个人，用自身的言行感召周围的同志。于自身，他认真学习党的理论知识，学习党的各项精神以及党建业务方面的文件。学习时，能够做到理论联系实际，有的放矢。在个人自学的同时，陈德魁老师还定期更新学校党建知识宣传栏，认真组织支部广大党员同志采取集中学习和分散自学等多种办法开展学习，组织大家认真撰写学习笔记和学习心得，积极履诺，力争使学习覆盖到每位党员。

陈德魁老师热爱教育事业，更愿为这份平凡的选择倾注一切。在教育教学工作中，他有一句话常挂嘴边“严字当头，爱为准则”。用爱心影响学生，用真心沟通家长，用耐心教给学生知识，使学生不但学会学习，更懂得如何做人。他对待学生，一视同仁，在学习上不让一个学生掉队，让学生们人人都有进步。在生活上，从细节上去关爱、帮助学生。赢得了学生的信任，也得到了家长对工作的支持。他常常与学生谈心，发现问题及时与家长沟通。2007 届毕业生刘昊权同学正是陈老师满园桃李中的一员，在陈老师的鼓励与帮助下，他最终考上了同济大学，他回忆道：“正是陈老师孜孜不倦的付出，用真心陪伴我们的成长，才有了之后的我。”

作为一名党务工作者，陈德魁老师在平凡的岗位中，以客观公道的处事原则、耐心细致的工作作风、持之以恒的奉献精神，默默付出，发挥着一名共产党员应有的先锋模范作用。

陈德魁老师开设公开课

二、三个培养：逐步壮大优秀党员教师队伍

学校积极探索党员教育管理的有效方法和途径，将入党积极分子选拔培养与教师层级发展有机结合，开展“把业务骨干向党员方面培养、把党员向教学能手方面培养、把党员教学能手向学校管理干部方面培养”的“三个培养”活动，仅2022年一年，就有3名党员教师成长为校学科带头人，5名党员教师成长为区学科带头人培养对象。在2020年发展党员3名的基础上，2021年党组织又吸收了3名优秀青年教师，其中，1名成长为学校中层干部，1名获评校优秀班主任。2022年3月，校党总支和政教处、团委共同组建了青年教师理论学习小组，同年9月，在党总支引领下，通过学校“青年教师培养计划”成长起来的郑笑妹、罗恬两位老师顺利通过团委换届选举，承担起校团委的工作。

细数学校培养党员干部的历程，有太多出色的党员干部在“三个培养”的环境下脱颖而出。比如李生渠老师正是通过在科室中历练，一步步成长为学校的中层骨干、科技教育的领军人物、学校最耀眼的科技之光。

李生渠老师，作为一名党员教师，甘于奉献，踏实工作育桃李。自2012年起担任科学DV社社团指导教师，至今已有10年。十年间，他利用周末和暑假带领他的团队和学生开展科普宣传和研究工作。2013年，为了课题研究，他和李成燕、欧阳行两位老师一起，带着三位学生利用整个暑期，自制“水深测量仪”，不顾烈日炎炎，扎根在市区周边各处研究“石头测水深”，创作科学影像，收获学校首个科技大奖——全国青少年科学影像节国家一等奖。自此，李老师所率领的团队在各大科技赛事上斩获奖项无数。尤其是2017年指导学生创作的《滴血验亲》荣获第八届科学影像节“万花筒”微电影最佳作品奖。这年，李生渠老师带领团队所创作的科技作品斩获26个全国各类大奖，他的团队也成为福建省在该赛事上最亮眼的团队。2018年，更是李生渠老师的高光时刻，他带领的学生团队斩获第六届国际青少年创新设计大赛（IC）中国区一等奖，并因此获得赴美国哈佛大学参加决赛的机会，最终不负众望获得银奖。2021年，他和两位学生发明的《一种高安全台锯控制电路及台锯》成功拿到了国家知识产权局颁发的实用新型专利证书。2018年，《三明教研》期刊第98期将他作为封面人物对他的先进事迹进行了宣传和报道。

李生渠老师（左一）指导学生设计实验

李生渠老师（居中）带队前往北京参加第四届国际青少年创新设计大赛

十年间，他带领学生团队在国家及以上赛事获奖30余项，获省市级荣誉50余项。他自己荣获国际青少年创新设计大赛优秀指导教师、校园微拍大赛优秀指导教师及核电科普知识优秀指导教师等荣誉称号，在我校科技教育工作领域中做出重大贡献。每次获奖后，他都说是运气，还有学生争气，但是正是因为他从未停止前行的脚步，一直奋斗在科技教育工作的第一线，当各种机会来临时，才能牢牢掌握，并大放异彩。他是学校当之无愧的“科技之星”，一直闪耀着最亮的科技之光！

三、两个推进：有序提升办学成果成效

一是活动推进，营造发展氛围。学校定期组织全体教师基本功比赛，引导教师提升教学技能，坚定教育理想信念。2021 年三明市教师教学技能大赛，学校有 12 位教师获奖，覆盖语文、数学、外语、政治、历史、物理、化学、生物、美术、音乐、体育、通用技术十二门学科，其中一等奖 1 人、二等奖 6 人、三等奖 5 人。

2022—2023 学年三明九中教师获奖情况（部分）统计表

学科	姓名	级别	等次	课题	获奖项目
化学	陈晓春	市级		微项目　科学使用含氯消毒剂	基础教育精品课
语文	吴小宝	市级		单元学习任务——必修下第八单元学习引导	基础教育精品课
数学	伍成尉	市级		椭圆及其标准方程	基础教育精品课
英语	邱玲珊	市级		Space Exploration	基础教育精品课
音乐	黄安妮	部级		中国汉族民间舞	基础教育精品课
通用	李成燕	部级		技术实验及方法	基础教育精品课
数学	王圣荣	市级	一等奖	椭圆单元复习	市作业设计
通用	李成燕	市级	一等奖	《技术与设计 2》结构及其设计	市作业设计
心理	何左钦	市级	一等奖	情绪管理	市作业设计
劳动教育	黄增财 雷月华	市级	一等奖	疫情封控下尝试烹制一道美食	市作业设计
数学	冯艳玲	市级	二等奖	椭圆、双曲线和抛物线的定义单元	市作业设计

续表

学科	姓名	级别	等次	课题	获奖项目
美术	俞雯洁	市级	二等奖	色彩完整稿统一和塑造	市作业设计
生物	郑晓花 黄增财	市级	三等奖	基因工程单元	市作业设计
音乐	黄安妮	市级	三等奖	中国古典舞	市作业设计
心理	余丽娟	市级	三等奖	兴趣动物进化史	市作业设计
美术	廖华清	省级	一等奖	数字化为交通先行赋能	福建运输职工 优秀书画作品展

二是创新项目推进，打造工作品牌。举办了三届“向全市人民汇报”艺术作品展，举办“闽浙赣桂鄂蒙”六省艺术特色教育联盟，学校成为第三批全国中小学中华优秀传统文化传承学校。

在提升办学成效过程中，学校借“双新”实施，助“联盟”发展。2021年10月28、29日，由三明市教育局主办、三明九中承办的“闽浙赣桂鄂蒙”六省第五届高中艺术特色教育联盟“高峰论坛”在三明九中顺利举行，三明市委教育工委书记、三明市教育局党组书记刘若嘉参加了活动开幕式。来自浙江省温州市艺术学校、江西省南昌市第十八中学、江西省新余市第六中学、福州市第四中学、厦门市第二外国语学校、宁德市高级中学、莆田市第二十五中学、南平市高级中学、福清市元洪高级中学、安溪沼涛中学的领导、老师200多人参加了活动。内蒙古、广西、武汉等联盟校通过线上方式参加了活动。本届“高峰论坛”，以“聚焦育人方式改革，发展学生核心素养”为主题，旨在展示学校的五育融合、课程建设、教学改革、特色办学的“双新”示范建设成果，充分发挥国家级示范区（校）的辐射引领作用。

无论是聚焦核心素养的课堂教学，创新育人方式的特色课程，彰显办学特色的艺术展示，还是堪称饕餮盛宴的专家讲座，共商发展大计的校长论坛，无一不体现着三明九中党建工作在“两个推进”方面的办学实效。

2021 年 10 月，第五届“闽浙赣桂鄂蒙”六省高中艺术特色教育联盟（第五届）“高峰论坛”在我校举行

让党旗在“尚美”蓝天之上高高飘扬！三明九中牢牢把握“为谁培养人、培养什么人、怎样培养人”的教育方向，始终坚持把党建工作融入到教育教学改革发展全过程，融入到立德树人全过程。

第二节　信念信仰永驻在心间

一、分工明确，责任落实

学校党总支领导班子对意识形态工作负主体责任，党总支书记是第一责任人，党办主任是直接责任人，协助党总支书记抓好统筹协调指导工作。党总支支委根据工作分工，按照“一岗双责”要求，主抓分管处室、年段的意识形态工作，对职责范围内的意识形态工作负领导责任。各党支部书记是所属部门的第一责任人，学生会、团委由团委书记直接抓、亲自抓，切实解决师生意识形态工作中存在的实际问题。

在师生中普遍开展理想信念教育，如开展唱红歌、讲红色故事、党史知识竞赛、党史书画专题展、撰写二十大精神心得体会、“弘扬二十大精神”主题读书活动、朗诵演讲比赛、参观中国共产党伟大精神专题展等丰富多样的党史学习活动，营造积极向上的“尚美”氛围；始终强调坚持贯彻师德师风工作建设，利用暑期开展政治理论学习，不断传递积极正面价值观；通过课堂散发正能量，课堂里落实社会主义核心价值观、宣讲百年党史与二十大精神成为常态，张静老师“一座城，因文明而美——文明三明‘拍了拍’你”获福建省第二批思想政治百堂示范课，郑丽华老师“《奋斗百年路　起航新征程——宁化的‘前世今生’》教学设计”被评为三明市“四史”教育优秀课例。

同时，落实网络意识形态工作责任制及舆情监控管理制度，加强学校网站、公众号的管理，通过各种平台、媒体，积极宣传优秀教师、文明学生事迹，宣传党员好故事、支部好案例、书记好党课等榜样先锋力量。

学校组织全体党员重温入党誓词　　学校组织党课活动

二、优秀党员，模范带头

作为一名党员教师，崇高的责任心不仅体现在教育教学技术层面上的精湛娴熟，更表现在日常生活点滴中所展现出的君子德行。教学岗位上，党员教师们兢兢业业，成为表率，离开三尺讲台，他们依然能够用高尚的人格温暖众人。

我校优秀党员胡燕同志从教 20 年，担任班主任工作 13 余年来，不仅以共产党员的标准严格要求自己，带头参加各种学雷锋志愿者服务活动近百余小时，还坚持带领学生参与社区服务，帮助特困群体，关爱孤寡老人，参与志愿保洁和疫情防控工作，把自己的爱心贡献给社会公益事业，把真、善、美洒满人间。

2022 年 2 月 17 日 20 点左右，一位中年男子骑着电动自行车带孩子回家，当时雨很大，天气非常寒冷，行驶至下洋加油站附近，不慎滑行十几米摔倒在地，男子倒地不起，多处受伤，无法站立，倒在地上呻吟，边上的孩子急得直哭，又扶不起受伤的他。事发路段视线昏暗，且道路车流量大，胡燕老师恰巧开车路过，马上将汽车停在他的身旁阻挡车流，并打开双闪警示，避免了父女俩的二次事故伤害，还主动上前将他艰难地搀扶到安全地带。因为担心男子继续骑车搭载孩子回家不安全，于是胡老师开车将他的孩子送回家，给孩子擦洗弄脏的衣服，没有留下姓名就离开了。看到男子家境贫寒，第二天胡老师带着跌打膏药和水果糕点到他家中，趁他们不注意，悄悄放在门口后便离开了。

郭立龙为胡燕老师颁发市民赠送的锦旗

后来，被救助的张师傅多方打听才知道，这位带来温暖与真情的老师是三明九中的胡燕老师，就于 2 月 23 日给九中送来了“热心救助，师德高尚”的锦旗，感谢胡燕老师学雷锋做好事不留名的高尚品德。胡燕老师的光荣事迹经宣传后，引起了不小的轰动。三明九中公众号，新浪三明头条等媒体都转发了新闻，《三明日报》还以《寒冬雨夜里的温暖搀扶》为题，采访并报道了胡燕老师学雷锋做好事不留名，义无反顾救助受困父女的事迹。胡燕老师传承了雷锋精神，播种了社会主义精神文明的种子，受到社会的普遍赞誉，不愧为时代的楷模。

多年来，胡燕老师始终把正直和善良当作自己做人的基本准则，她把公益当成一项事业，把爱心当成一种责任，用自己的绵薄之力汇聚起爱心助困的磅礴力量。

——摘编自公众号“三明市第九中学”

新闻纵深

中央红军长征出发地

一封慰问信背后的故事

三明日報

风展红旗 如画三明

寒夜援救摔伤父女

2022年03月04日

2月28日上午，三明九中举行升旗仪式，郭立龙校长将一面锦旗转赠给胡燕老师，广场上掌声雷动，全体师生对热心助人的胡燕老师鼓掌点赞。

2月23日下午，一名男士造访九中，他带来了一面锦旗和水果，要感谢热心肠的胡燕老师。

男士叙述了事发经过。2月17日晚8时左右，他骑着电动自行车带女儿回家，当时雨很大，天气寒冷，骑到下洋加油站附近，他的雨衣被夹到车轮里，车子失控，摔倒在地，他多处受伤，无法站立，倒在地上呻吟，女儿爬起后，扶不起受伤的他，站在边上急得直哭。事发路段，视线昏暗，且道路车流量大，此时，一辆汽车停在他的身旁，并打开双闪警示，使他避免了二次事故伤害。驾车的女士下车上前询问情况，并将他搀扶到安全地带，这名女士提出先送他孩子回家，他有些犹豫，女士说她是九中老师，请他放心。而后，这位老师开车将孩子送回家后，给孩子擦

《三明日报》报道胡燕老师事迹

我校的优秀党员比比皆是，有如三明市“三八红旗手”陈桂芬、郑晓花老师那样的巾帼不让须眉的先行人物，也有如市教育系统“优秀共产党员”刘海鹄、陈仁部、陈彬彬、蔡玮、张静、欧阳行老师那样的将青春奉献给九中的奋斗者，还有像“市优秀共青团干部”屠媛媛、李生渠、胡雪辉、郑笑妹老师那样迎难而上的后浪们。也正是因为拥有这样许许多多的陈老师、胡老师、张老师们，三明九中的党建事业才能蒸蒸日上，永远鲜活，永葆尚美青春力量，绽放最美的光芒！

近三年党员教师获得荣誉情况（部分）

姓名	荣誉名称
陈仁部	三元区优秀教师
陈媛燕	三元区优秀教师
程康彪	三元区优秀教育工作者
邓丽清	三元区优秀教师
黄耀奎	三元区优秀教师
林　丽	三元区优秀教师
欧阳行	三元区优秀教育工作者
刘新明	福建省中小学学科带头人
陈仁部	三明市委教育工委优秀共产党员
欧阳行	三明市委教育工委优秀共产党员
蔡书太	福建省杰出人民教师
陈彬彬	三元区优秀教师
黄增财	三明市优秀教研先进个人
宁娟娟	三元区优秀教师
魏润俊	三元区优秀教育工作者
黄增财	三明市第五届中小学教师教学技能大赛二等奖
聂长玲	三明市第五届中小学教师教学技能大赛三等奖
杨　丽	三明市第五届中小学教师教学技能大赛二等奖
张启能	三明市第五届中小学教师教学技能大赛二等奖
郑笑妹	三明市共青团干部
张起杭	三元区优秀教师
郑　滢	三元区优秀教师
郑晓花	三明市“三八红旗手”
李　伟	福建省中小学学科教学带头人
郑晓花	福建省中小学学科教学带头人

第三节　带动团建薪火在传递

一、多部长制，开拓进取

在党建工作的带动下，团委围绕学校工作要点，开拓进取，脚踏实地，实实在在地开展团建工作。经过 2013 年至今的研究实践，学校团委认识到“多部长制”的实施非常契合学校各项活动的主流运转。团委各部门各部长各有长处，各司其职，均能发挥各部门优势，实现学校的部门文化提升。在这过程中，许多年轻教师得以历练成长，实现了教育教学生涯中人生价值的突破。每个部门都有亮点，每个亮点背后都有一份光和热。

以下是学校团委部分部门介绍。

1. **纪检部——温度纪检举措　规范学生行为**

团委纪检部实施温度纪检举措，目的在于让犯错误的学生认识到自己的错误，并且及时改正错误，同时也让品行端正的学生嘉勉自身，做到继续坚持良好的行为习惯。作为专门负责监管纪律的部门，纪检部主要管理学生日常行为规范，每日执勤，规范操作。纪检部部长邱喁老师，坚持每天亲自带领学生会纪检部学生在校门口做好文明督导工作。在坚守岗位的同时，邱老师用自己的行动为同学们树立榜样。在这些细杂的工作中，邱老师成长了，他说，这份工作虽然每周看似一成不变，但却实实在在锻炼

邱喁老师进行文明督导

了自己的耐心和细心，也多了许多和学生接触的机会，他自己原本仅是一位在学校基本“隐形”的生管教师，现在是几乎每位学生都知道的邱老师，这让他找到了存在感，心里顿觉阳光无处不在。

2. **文体部——开展多元活动　培育尚美学生**

团委文体部是学校每年文化艺术节及春季运动会的负责部门。特别是三明九中建校 60 周年校庆期间，文体部组织开展了一系列庆祝活动，如主办了“风雨兼程六十载・弦歌不辍奏华章”校庆文艺汇演、“今天我为九中喝彩・明天九中因我增色”签名寄语活动、“九中，我为你祝福”主题演讲比赛、“歌唱祖国・爱我九中”经典诵读暨歌咏比赛等。春季运动会开展的趣味性活动，不仅丰富了同学们的校园生活，也拉近了同学之间的距离。文体部部长王桦老师，从最初面对活动策划时的茫然到最后圆满完成工作，这背后是她无数次策划书的修改，无数次大会小会的统筹……策划活动的成功不是偶然的，而是她的认真和负责换来的。如今，王桦老师不仅能够高效完成每年的各项文体活动的组织工作，她在自己的专业领域也取得了不俗的成绩。

王桦老师（右二）组织艺术节筹备会

3. **心理咨询部——夯实心健工作　引导健康身心**

团委心理咨询部是很多同学的心灵港湾，每年开展多场大型心理健康讲座或活动。比如高一的新生入学适应讲座，帮助新生调整心态，积极融入高中生活；高二的考后心理辅导讲座，帮助学生树立“胜不骄败不馁”的积极健康的人生观；高三考前团辅活动，帮助毕业班的同学们缓解焦虑心理。何佐钦老师，作为一名有朝气有活力的心理老师，受到不少学生的喜爱。对于每一名咨询的学生，她都坚持“真诚、友善、保密”的原则。不管是大型讲座还是学生的个人咨询，她都能够认真对待，认真准备，以期达到最好的效果。她自己开发“释梦”研究社校本课程和心理健康课程，心健课覆盖率能达到60%以上，每学期心理咨询达100余人次。

何佐钦老师主持团辅活动

4. 志愿服务部——深入志愿服务　组建公益团体

志愿服务是团工作的重要输出之一，学校团委力求打造三明九中志愿服务队的品牌项目。学校“尚美”志愿服务队积极到新亭社区、市福利院、儿童村等志愿服务活动基地开展志愿服务。团委组织的以“杂货解忧，旧物传情”为主题的公益义卖活动所获资金全部作为爱心捐赠用于志愿服务活动的支出。廖世乾老师，作为志愿服务部部长，他热衷于自己所分管的工作。如今的得心应手是他无数次的志愿服务工作经验积累来的：与社区人员的沟通协调，带头做好疫情防控宣传，带领学生进行禁毒、反邪教的宣传活动等，每一项活动他都能够积极参与，认真完成。

廖世乾老师（右一）参加疫情防控工作

5. 宣传部——展现学生风采　丰富校园生活

团委宣传部通过相关活动传播正能量，引导学生积极向上、向善，不断提高学生的思想道德素养。刘小琦老师，团委宣传部部长，作为美术专业的老师，自然也做着她相对擅长的事情。每一项大大小小活动前的推广、活动后的宣传，她总是能保质保量完成。除了文字、图片的宣传工作，小琦老师还负责校园广播“声声漫”栏目，联合学生会广播站，每周一播。“声声漫”栏目用声音传递力量，以点歌的形式为同学们传递祝福，深受广大师生的喜爱。

刘小琦老师（左）指导学生绘画宣传海报

刘小琦老师设计的艺术节节目单

6. **生涯部——打造“尚美”宿舍　共建温暖集体**

生涯部是团委 2019 年为契合三明九中“尚美”文化发展内涵而新增的部门，致力于打造“尚美”宿舍，旨在引导校园住宿生建设好宿舍文化。作为生涯部部长的张慧怡老师，也是女生宿舍生管组长，她结合自身岗位特色，带领学生积极建设宿舍文化，将宿舍营造出温暖的家庭氛围，让学生在学业之外有温馨的归属感。作为生管组长，她总是时不时进宿舍关心学生，增进师生感情。特别是节假日期间，她更是关心留校生的生活。2021 年中秋节，受疫情影响，全校 100 多位住宿生无法回家过节，她挨个为学生送去月饼，和学生一起共度佳节，帮他们排解思家愁绪，也让他们感觉，学校是青春的另一个家，而“慧怡姐”就是他们的家人。

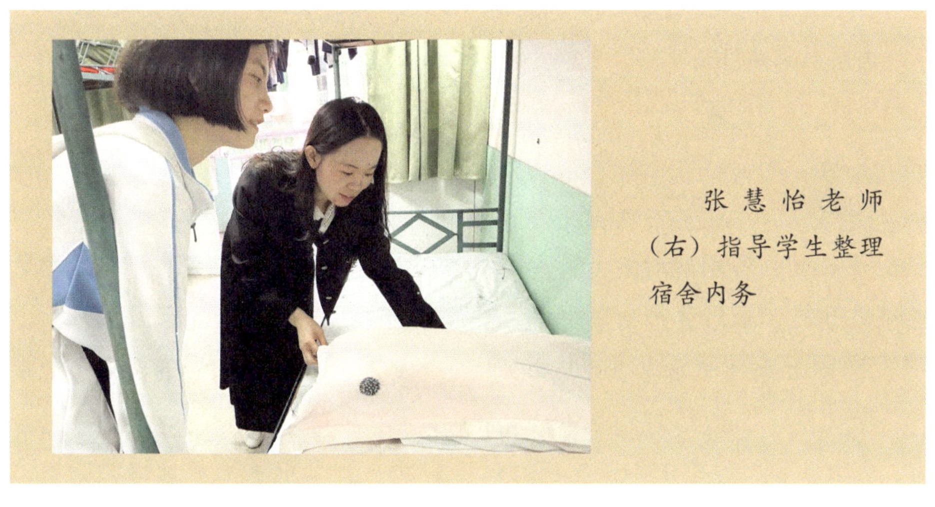

张慧怡老师（右）指导学生整理宿舍内务

7. 国旗班——培养家国意识　弘扬爱国精神

三明九中国旗班成立于 2017 年，在团委的指导下，以弘扬爱国主义精神为己任，力求展现当代学生阳光健康、积极向上的精神风貌。规范、严谨的升旗仪式，有利于培养学生的爱国意识和团队观念，促使学生养成良好的行为习惯。郑笑妹老师作为国旗班训练队的负责人，每一年新人入队，她都要带领国旗班进行长达一学期之久的训练。每次训练，不管晴天下雨，不管寒冬酷暑，郑笑妹老师从不缺岗，与国旗班同学一起，走过了从无到有，从不规范到规范，从幼稚到逐渐成熟的历程。郑笑妹老师为国旗班制订了量化考核制度，帮助同学们规范行为，不断突破自我。她说，正是这份工作，让她也得到了成长，她在自己的教学工作中，对自己有了更高的要求，更加懂得坚持的意义。

郑笑妹老师（左一）带领国旗班同学训练

国旗班风采——2022 届高三成人礼升旗仪式

二、培养骨干，绽放荣光

学校团委各项活动的顺利开展离不开学生会各部门的辛苦付出，学生会骨干也在团委的各种活动中得到了很好的锻炼。

2019 届高三团总支书记林舒云同学的成长经历就是很好的例证。她在《心有所信・方能行远》的感悟中写道：

“脑子里永远有任务、肩膀上永远有担当、心中永远有激情、脚下永远有力量”是每一位学生骨干应当做到的。2018 年 5 月 4 日的新团员纳新仪式上，作为一名老共青团员有幸在团旗下发言，重温入团誓词，我为之感到振奋、激动、亲切。加入共青团的这几年，我时刻牢记着入团誓词，在团组织这所大熔炉里，我得到了锻炼，学到了知识，增长了才干。同时在学习和生活中我也在时刻提醒自己，作为共青团员，应该履行团员的职责，尽心尽力地为班级、为学校、为社会作出贡献。入团不只是形式，团徽也不只是标志，它们应该成为自己在学习和生活中鞭策自己进取的一个标准，使自己能在学习和工作中不断提高自身的素质和修养，踏实苦干，永葆工作激情。

心有所信，方能行远。作为学校团学组织的学生骨干，我发挥着重要的“桥梁”和“纽带”作用，所以，我时刻以高标准严格要求自己刻苦学习、提升能力。两年的团学工作使我的眼界愈加宽广，思想也愈发成熟，也明白了做事果敢但要有温度，为人柔软但要有原则的道理。

“行远自迩，踔厉奋发，笃行致远，砥砺深耕。”一进入大学我便递交了入党申请书，在学院党基班的学习和校第 13 期青年马克思主义者培养过程中，我以实际行动向党组织表明自己的决心，如今我已经成长为一名合格的中共党员，我在大学期间获得了国家奖学金、国家励志奖学金、优秀团干、三好学生、“有情青春”励志人物、团学培训班优秀学员等荣誉。一份证书一份担当，我会带着这些荣誉，不忘初心，肩负起更大的责任。

我曾以为团总支是炽热耀眼的光，后来发现她是光而不耀的榜样；我曾以为团总支是目光只在远方的理想主义者，后来发现她是有思想的行动者。在以后的日子里，我将继续不忘初心，保持情怀，用信仰指引人生方向，用奉献彰显人生价值，用才华厚植人生优势，用理念塑造人生形象，创造出无愧于时代、无愧于青春的人生价值。

尚美之光生生不息，正是因为一批接一批，一代接一代的九中人辛勤耕耘，无悔付出，才有了如今的桃李满园，荣光无限。

党引领我们前行，共青团培育你我成长，在新时代的长征路上，我们唯有不懈奋斗，继续书写属于我们的美的故事，方能星光熠熠，尚美永恒。

第六章

潜心教研　提升技能

第一节　积极教育　促进教研

以积极心理为导向的积极教育，是以人外显和潜在的力量为出发点，以增强人的积极体验为主要途径，最终实现个体和群体的积极人格而实施的教育。积极教育是积极心理学在教育领域应用的重要成果，是积极心理学走向实践的重要体现，是一种学业发展与人格发展并重的教育，把传授专业知识、培养能力素质和促进人格健全与职业发展有机结合起来。积极教育把积极心理学的科学原理和先进观点应用于教育领域，试图以积极的态度研读教育，促进学生在接受理论知识和实践技能的教育过程中，同步提高学习获得感和幸福感。学校通过镶嵌式学习，将积极教育的理念与专业课程的任务和人才培养目标联系起来，有机渗透应用到课内课外。

一、备课实践：主备人制

为了深化课堂教学改革，进一步加强集体备课，全面落实教学常规，规范教育教学行为，改变教育模式，实施积极教育，落实学生的“五环课堂”，学校努力推进积极教育模式下集体备课工作。

教师的教学设计、教学思路和教学方法直接影响着教学的质量。为不断适应课程改革需要，加强教师之间的合作交流，集思广益，取长补短，凸显个人特长，学校深化开展集体备课活动，把个人备课与集体备课有效结合，促使集体备课科学化、规范化，让集体备课成为教师教学行为和学生学习方式的“点子库”，成为积极教育模式的关键工作，以求达到大幅度、大面积提高课堂教学效益的效果。

集体备课活动包括教研组活动和备课组活动。教研组活动组织形式上侧重任务布置和讲座交流。教研活动内容包括：积极教育研讨、教研量化评价、听课评课、研题命题、说课说题、片段教学、经验交流、课题研究、专题研讨、专家讲座、学习研讨、网络研修等。学校鼓励各教研组创新教研活动方式，提高教研活动实效性。

备课组活动主要组织形式为集体备课。学期初，各学科备课组长根据教学计划，安排好每周集体备课的主备内容和主备人。主备人根据课程要求，提早一周，在集备本上写好集备教案，同时准备好相关的课程资源和参考资料。主备人在集备时将备课材料共享，备课组其他成员携带教材、教案本、作业等资料参加活动。

备课组长组织组员对上一周教学工作进行总结、反思，侧重积极教育的心得分享，“五环课堂环节”存在的问题和解决办法分析，学生在作业完成中出现的问题及教学改进策略分享等。

主备人根据下一周上课内容进行教材解读，重点分析教材内容、挖掘学科立德树人内容载体。在大单元教学理念下，围绕每一单元的教材进行单元备课。研究单元内各节的内在联系，确定相应课时的教学重点及其难点，围绕高考评价体系谈本单元考查内容、考查要求和考查载体等。对有价值的分析应做必要记录。

主备人阐释教学设计。阐述教学设计理念和教学流程，教学过程中可能出现的问题及对策，积极教育的途径和载体，板书设计及意图效果，作业布置及意图。

在主备人分享之后，备课组长组织备课组成员讨论交流，对主备人设计意图进行修正补充，或提出不同看法。在积极教育、预习安排与检查、细节策略、课件应用、教具学具应用、练习设计、作业设计等方面进行充分研讨。

总结归纳意见，达成共识。主持人修正或提出总结意见，主备人进行复备（完善），在集备结束后，备课组成员应根据分工，进一步修订、完善课前预习内容、教学设计、作业设计、教学课件、教具学具等。

主备人制下的集体备课活动

二、作业实践：校本作业

校本作业是学校或教师根据自己的教学实际情况和教学目标，设计出的具有自身特色、针对性强的作业。它能加深学生对知识点的印象和理解，培养学生自主学习能力，促进教师与学生之间的互动。因其较强的针对性，有益于师生真正把握教与学的重点，在长期积累中提升教学效能。

地理组集体备课——作业设计专项教研

在新课程、新教材、新高考的背景下，为进一步规范学校教育教学管理，杜绝作业数量过多、质量不高、功能异化等问题，学校加强基于积极教育理念的校本作业设计管理。

1. 紧抓预习作业，引导学生养成良好的预习习惯

在高中阶段的学习中，做好预习工作能显著提升课堂教学效果。在校本作业中设置预习板块，让学生通过预习作业熟悉教材内容，了解新课的知识结构，提高课堂听课效率。

比如高一地理“大气”这一章节的校本作业，让学生提前了解了大气的组成、大气的热力状况和大气的运动等相关知识，在课堂上，对于概念性的知识点讲解就可以相应减少，把更多的时间用来总结章节重点内容，进一步做相关知识的补充、比较。学生课前有预习，教师的课堂教学有的放矢，极大地提升了课堂教学效果。

2. 布置层次作业，按照难度和重要性分层次

例如，根据作业题目和要求确定难度级别，分为初级、中级、高级等级；根据作业的重要性进行分层次，分为必修、选修、拓展等级别；根据学生水平和能力，设计不同难度的作业组，分为一组初级作业、一组中级作业和一组高级作业等。

在每个层次中，逐步提高难度，增加作业的复杂性和深度，以便学生获得更多挑战。同时提供对应的指导和评估方法，以便学生更好地看到自己的进步，也明晰自己需要提高的方向。

3. 基于教学目标，设置作业评价

从教学计划要求、作业的质量和难度与学生能力的匹配度、反馈的及时性和具体性、学生的个性化需求等方面综合考虑，设置作业评价。

校本作业是否符合教学目标和教学计划要求。评价时需要考虑教学目标是否达到，学生是否能够通过作业加深对所学知识的深刻理解。如果校本作业与教学计划脱节，难度过高或过低，都会影响教学效果。

校本作业的质量和难度是否与学生的能力水平相匹配。如果学生无法完成作业，会降低他们的自信心和动力，导致他们对学习的热情降低。如果作业过于简单，学生可能会感到无聊。

校本作业的反馈是否及时和具体。及时的反馈可以帮助学生更好地理解和巩固所学知识，并改正错误。具体的反馈可以帮助学生更好地了解自己的错误和不足，进一步提高学习效果。

校本作业还要照顾到学生的个性化需求。不同学生的学习能力和兴趣爱好有所不同，因此需要给出具有一定灵活性的作业，以满足不同学生的需求。

校本作业是由任课教师从学校实际、学生实际出发，为了帮助学生掌握知识和发展技能，以促进学生发展为目标，要求学生在一定期限内完成的各种类型的学习任务。在“双减”政策实施后，我校各学科基于“四新”，即新课程、新课标、新教材、新高考的校本作业设计成为教研活动的重要内容，逐步形成了以下校本化实践路径：

1. 制订校本作业设计流程

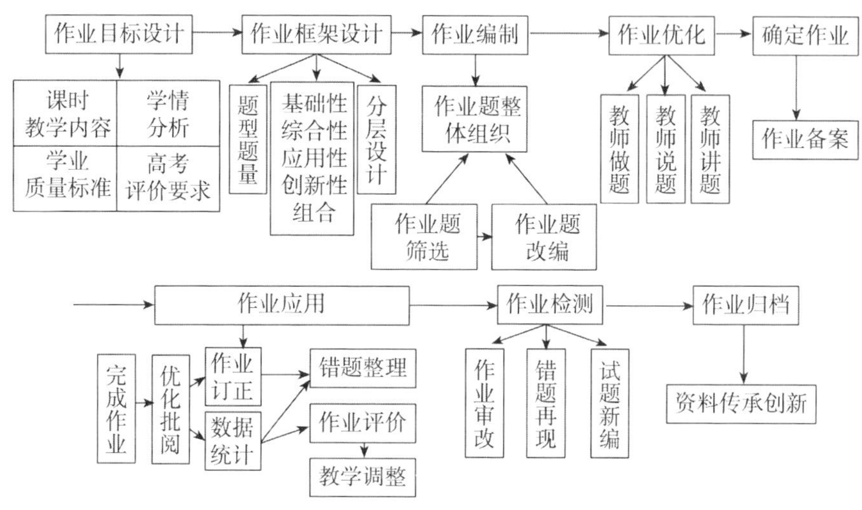

校本化作业设计流程图

2. 设计各学科不同层次的校本作业

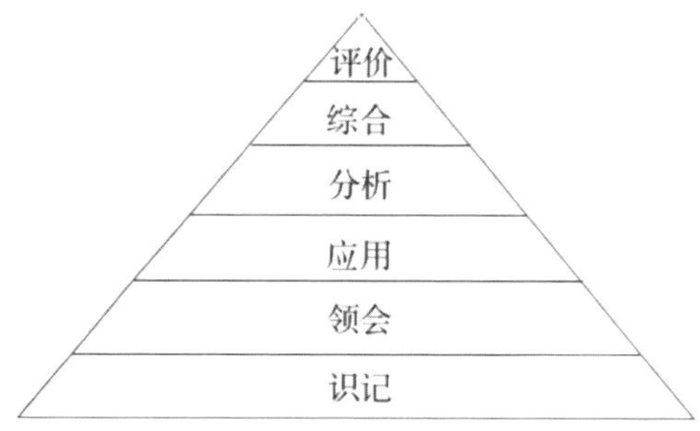

布鲁诺：教育目标认知领域层级图

本杰明·布鲁诺1956年在《教育目标分类：认知领域》一书中从思维层面将人的认知能力分为六个层级：识记（知道）、领会（理解）、应用、分析、综合、评价，如上图所示，从简单到复杂逐级递增。其中识记、领会、应用属于较低层次的认知水平，答案一般较明确、直接、一目了然；分析、综合、评价属于较高层次的认知水平，答案有一定的难度，带有明显的思维性。校本作业设计要以布鲁诺教育目标认知领域分类法为理论依据，以学业水平等级测试为要求，既有较低层次的认知作业，也要有较高层次的认知作业，从而形成识记和理解、迁移和综合、评价和创新三个层面递进式渐次性校本作业。

3. 学科校本作业的设计和实施流程

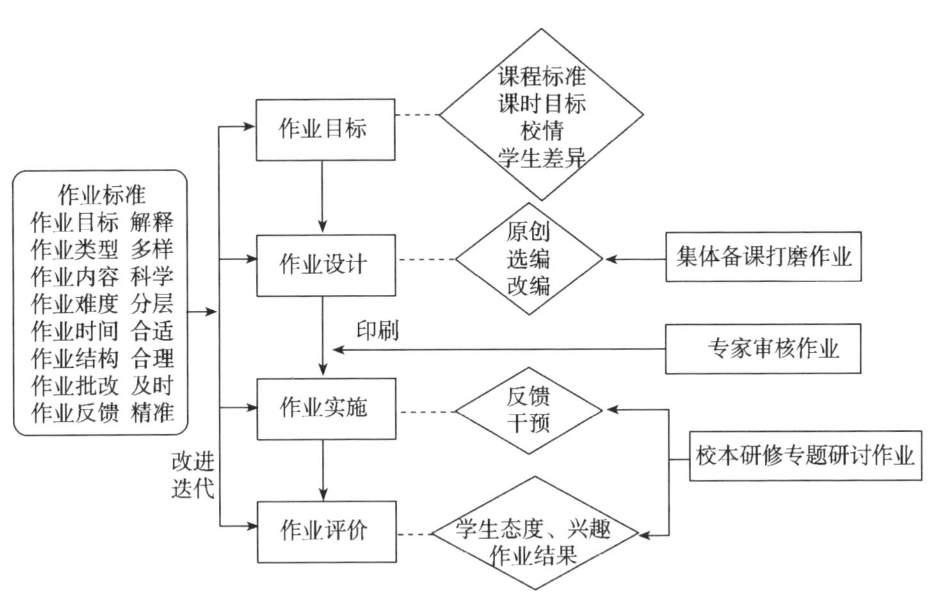

作业的设计、实施流程

4. 校本作业的分析和改进模型

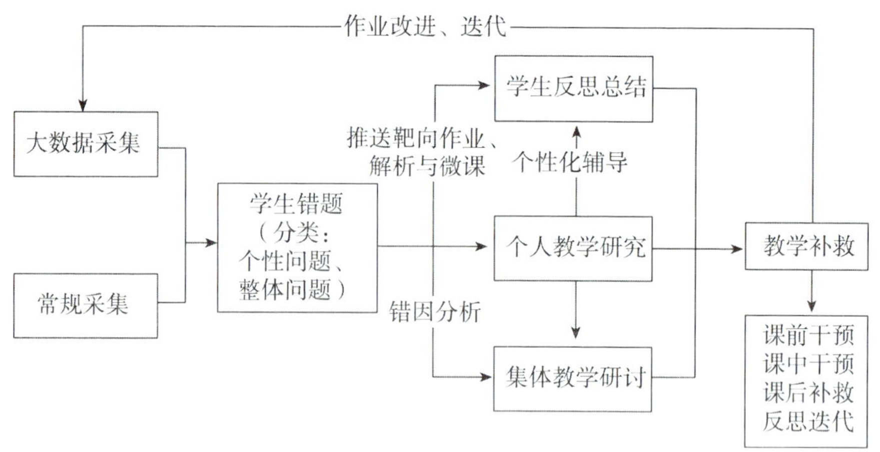

基于数据的校本作业分析、干预、改进模型

——摘自地理组李春军老师主持的市级课题“基于教—学—评一致性的‘四新’校本作业设计研究”

三、课程实践：校本读本

校本读本是由学校根据实际教学需要，依托校情学情而编制的阅读文本，旨在提供一个共同的基础，以帮助学生在某个主题或领域中建立一致的知识和理解。它通常包含学生需要熟悉的关键概念、术语和事件，并提供与之相关的练习和活动，以协助学生理解和掌握学科知识。校本读本为学生提供更适合的“量身定制”的教材和学习材料，以确保他们对某个主题或领域的共同理解，并使他们的学习经验更加一致和系统化。

随着新课程新教材的推进实施，校本课程开发成为学校课程管理的一项重要内容，学校围绕办学理念、基于学生发展需要，开发了丰富多彩的校本读本。

为保证校本读本质量，每学年校本读本使用后，教研室组织校学术委员会成员从单元结构完整度、排版精致度、题目新颖度、语言文字规范度等方面对各学科校本读本进行评比。

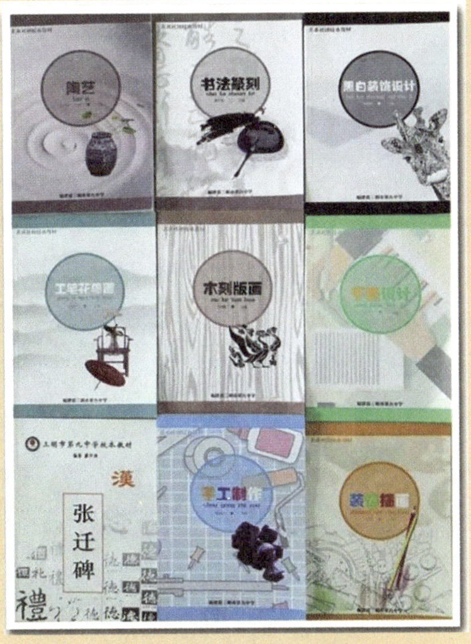

三明九中校本读本（部分）

第二节　阶梯培养　塑造教师

一、“1369”工程：教师成功法宝

学校围绕办学理念和发展规划，制定《“1369”教师专业化成长梯级管理工程实施方案》，促进学校教师队伍整体素质提高，为学校的可持续发展奠定良好基础。

实施“1369”工程，建立教师专业化成长梯级制度，即一年入门（熟悉常规，合格转正），三年适应（全面了解，站稳岗位），六年胜任（掌握规律，得心应手），九年骨干（独当一面，形成风格）。

坚持把对教师的培养作为“名师战略”的基础工程。在德育、教学岗位推行“老带新”的工作制度，通过遴选骨干教师与中青年教师结对子，发挥骨干教师的传帮带作用，促进青年教师迅速成长。

对青年教师的培养，既要做到有制度保障，更要充分调动教师本人的积极性，并对教师实行一系列行之有效的岗位培训与考核，培养方式以个人钻研、自修为主，校本培训为辅，部门负责提供舞台、创造条件、评价监督。

二、青蓝结对工程：教师成长阶梯

为了加强对青年教师的培养，帮助青年教师尽快适应学校教育教学工作，提高青年教师的教育教学能力，学校聘请素质好、水平高、能力强、经验丰富、教育教学效果突出的教师与青年教师结对开展帮教活动。

青蓝结对工程——师徒带教启动仪式

带教教师的职责：

（1）指导青年教师学习理解课程标准，学会使用教学参考，懂得分析教材，把握基础知识的一般程序，掌握备课、书写教案的规范化要求，精心设计教学的方法，做到一节一案，检查和修改被带教老师的教案。

（2）指导青年教师掌握上课基本环节和方法。遵照加强基础、培养能力的原则，帮助青年教师努力提高教学业务能力。有计划地指导被带教的老师备课，做到每周能共同备课一节及听课一节；听课后，及时给予评价、指点，同时对学生作业进行抽查。让青年教师能观摩学习课堂教学，尽快熟悉教学工作。

（3）为青年教师的成长搭建舞台，争取机会，供青年教师发挥和展示教育教学特长。指导青年教师上好一节校内公开汇报课及其他公开课。

（4）指导青年教师撰写CN论文，主持或参与各级课题研究，提高教学科研的能力。

被带教青年教师的职责：

（1）被带教青年应主动和带教教师联系，虚心学习各项业务知识，努力提高自身的思想政治水平、师德修养、业务能力并认真执行师德行为规范的各项要求。

（2）在带教教师的指导下，认真钻研教材，认真备课，认真写好每节课教案。教案必须做到一节一案，符合规范要求，并自觉交给带教教师审查指点。

（3）认真学习带教教师的教学方法和经验，认真听取带教教师的教导，主动听带教教师的课，珍惜带教教师提供的其他听课和研讨机会，填写师徒带教本，吸取优秀的教学方法和经验。

（4）在带教教师的帮助下，认真上好每一节课，积极开展公开汇报课，并积极参加上级组织的教育教学竞赛活动。

（5）每学期应在带教教师协助下独立完成一份单元测验命题卷工作和试卷分析工作。

（6）要重视对本学科课题研究和CN论文的撰写，结合自身的教学实践，努力改进教法，提高教学业务能力和教学效果。

对三年内的老师，通过《三明市第九中学“1369”教师专业成长梯级管理评估标准》进行考核，促其快速成长，胜任教学工作。

既已为师，必将担当

音乐组　黄安妮

轻轻关上舞蹈室的门，走在走廊，从熙熙攘攘的学生群中穿过，课间的吵闹与办公室的宁静，让我的心中起了波澜。回首往昔，我已褪去曾经学生般的稚气，拥有了教师的底气。

黄安妮老师授课

理想与现实，在九中相见，生活与梦想，逐渐交织。舞蹈室中的婀娜起舞，广袖翩翩中有美育的极致追求。有爱好的人生是高级的人生，在这样的誓言之下，我带领着学生们，用舞蹈交织了多个精彩瞬间，从舞蹈教室，到市艺术馆舞台、省赛舞台……到处都留下了我们青春的足迹。

我们平凡，但我们不平庸。我们多次斩获佳绩，连续三年参加三明市中小学生舞蹈比赛均斩获中学组一等奖，后又参加福建省第七届中小学生舞蹈展演获中学组三等奖。在原创群舞《平凡力量》、歌舞剧《孤勇者》等节目的排演中，我与学生们一步步地进行主题的构思与编排、精心设计音乐舞美；舞蹈动作也经历了长期、千篇一律的练习和反复的修改。学校的期盼，教师的鼓舞，学生的激情，让成果获得丰收。也正是这一份对舞蹈的坚守，换来了一份对于明天与未来的展望。

通过舞蹈，学生展示青春的光彩，我也积极探索着美育的教学模式。2021 年 11 月，我在省级开放周开设观摩课“中国古典舞身韵”。同年我的公开课“中国汉族民间舞”获三明市中小学优质课，2022 年，该课更是获得基础教育“部级精品课”。无疑，这样的成绩，在我年轻的教学生涯中，是让人振奋的。精品课不同于公开课，它不仅需要优秀的教学内容设计，还需要以高品质微课的形式进行视频呈现。这对于毫无经验的我，是个不小的难题。录课过程中，紧张导致我出现了多次口误，整个过程中重录了很多次。所幸在整个准备过程中，我得到了学校领导的重视与支持，得到三明教育学院教研员陈明娜老师和九中音乐组李晓群老师、陈誉文老师的热情指导与帮助。大到整个教学内容的选取和设计是否合理、清晰，到每个知识点的阐述是否准确、易懂；小到录课时的仪表仪态、手势语言，到习惯性的口头禅和小动作，前辈们都给我提出了很多宝贵的意见建议，才有了这次优异的成绩。

舞蹈室的光与影，九中的生与师，交映的是青春与希望，承载着梦与成长。人是成长的，学生如是，我亦如是。起初的教学，面对学生，有无奈，有迷茫与不知所措，而如今，褪去稚嫩，有了教师的信念与担当。随着铃声响起，走进青春激昂的教室，看着机灵聪慧的学生，心中不再是烦恼，而是欣慰与开心。

慢慢闲走，春风吹拂，心中宁静，也许，这就是“忽而一日混沌开，今日方知我是我”的生命顿悟吧。既已为师，必将担当。舞与梦，教与学，让我的教学生活多彩不平淡。

援藏支教献爱高原，积极钻研获得成长

生物组　黄增财

黄增财老师辅导学生

从教十五载，我始终致力于高中生物学教学实践研究，也获得了些许

收获：20篇论文发表在CN刊物和省级汇编，开设了2节省级公开课、8节市级公开课，有多节课例、微课在省市级竞赛中获奖，主持或参与省级教育科研课题5个、市级课题5个。但我深知，个人专业化成长的背后，离不开众多优秀教师的指导，也离不开一次艰难的成长经历。

那是工作的第8个年头，我响应国家号召，参加中组部和教育部组织的首批“组团式”援藏，在西藏昌都市第三高级中学任教。初到昌都市第三高级中学，远比想象中还要艰苦的条件让我更加地想念家乡的亲人，甚至不停地倒计时数着回家的日子。然而当我看到受援学校的孩子们一副副朴实无华且对知识充满渴望的神情，看到年轻藏族老师们对专业知识充满困惑而无所适从的时候，那一瞬间，我突然觉得肩上的担子沉甸甸的。我回想着自己在福建，如何从新教师成长过来，如何教好高三学生，如何上好公开课，如何命制合格的试卷，如何编制适合学生的校本作业，等等。

人在西藏，虽然年轻，但必须勇于承担。担任昌都市第三高级中学的生物组长时候，我努力与本校的藏族老师打成一片，与他们结对子，引导他们教学的同时还关心他们的生活。在我的影响下，本校年轻老师们迅速成长起来：通过集体备课，群策群力，本组的生物教研活动得以常态化开展；认真命制试卷和校本作业，让每一次考试有效检验学生的同时更锻炼了老师；学会总结反思，开始研究课题并撰写教育论文。特别值得肯定的一点是年轻的藏族老师们，原来都很害怕有老师听课。在大家的鼓励和引导下，他们开始习惯师傅的听课，学习点评的过程中详细记录，勤于总结和升华。他们参加了市、校两级的多个教师技能赛，获得了良好的成绩：次仁曲措老师获得昌都市首届教师实验技能赛生物学科二等奖；曲珍拉措老师获得昌都市第三高级中学“蓝昌杯”首届校教师技能赛一等奖，白玛玉珍老师获得二等奖。为期一年的援藏工作结束后，我还不忘团队的建设与成长，经常通过微信、钉钉等网络媒介，给予他们所需的教学资源并保持常态化的交流和讨论。

告别西藏以后，我继续尽心做好本职工作，勤于教学，善于总结，乐于反思，积极参加省市区和学校的各类教研活动，只要是对学科成长有帮助的，我便乐此不疲。

路漫漫其修远兮，我将继续上下而求索。生物学教师，一直在路上。

三、骨干提升工程：教师进步基石

骨干教师是师德高尚、业务精良、学识广博的学科带头人，他们具有丰富的教学经验、先进的教学理念、掌握一定的现代信息技术教育手段、拥有深厚的教育理论功底。学校通过制定相关制度，要求骨干教师承担学科教学改革实验项目，承担示范课教学任务，举办理论讲座，定期开设公开课，参与教育课题研究，承担新教师培养工作，校本培训等，让广大教师从骨干教师的教书育人和教育科研的经历及他们成长的历程中，受到启迪和感悟，做到学有榜样，赶有目标，从而增强年轻教师敬业、乐业的职业意识，树立其勤业、精业的师德风范。

对骨干教师，学校通过《三明市第九中学“1369”教师专业成长梯级管理评估标准》进行考核，促其快速进步，推动学校发展。

聚力前行，笃行致远

地理组　陈良豪

陈良豪老师授课

回想过往，过程虽有苦涩，但成长却有回甘。自己的专业化成长离不开学校领导和同事的悉心指导和热情帮助。刚开始工作时，我站在讲台上常心怀忐忑，因教学的压力常常倍感苦恼。好在学校开展师徒结对时，我有幸认识了张理臻和李春军老师两位师傅，从他们身上获得了宝贵的教学经验，帮助我尽快适应和快速地成长。学校也制定相关制度（如“1369”工程）和搭建平台（新教师汇报课、各类公开课和研讨活动），为教师成长规划指明方向。

工作以来，我多次开设省市级公开课。每次准备公开课，组内教师都会给我提供很多帮助，他们提出自己的见解，分享教研经验，给我很多的鼓励，精心打磨使教学设计更完善，进而改进我的教学水平。在李春军老师的影响下，近年来，我自费订阅《中学地理教学参考》等专业刊物，静下心来阅读，把精力和时间放在了教学研究上，更新观念，拓宽视野，加强理论学习，努力提升理论水平和专业素养，成长为三明市中小学学科带头人，三明市名师培养对象。

参加比赛是年轻教师成长和提高的重要途径。因此我积极参加各类比赛，先后获得福建省新课程高中地理教学课件评比一等奖、三明市中小学单元练习作业（活动）设计高中组一等奖、三明市普通高中教育教学论文评选一等奖、三明市中小学教师网络空间市级示范空间、三明市优秀教具展评二等奖等。每次比赛都是磨砺和成长，非常感谢学校给我搭建专业成长的平台，感谢同事们的指导和帮助。

反思是教师成长的助推器。我积极践行边教边学，边思边写，在实践中收获，在教研中成长，在交流中进步。通过课题研究和撰写论文提高自身的教学水平。截至目前，参与省、市课题研究 10 余项；在《中学地理教学参考》《地理教学》《大连教育学院学报》《长春教育学院学报》《基础教育参考》《教育科学论坛》《辽宁教育》等期刊上发表 CN 论文 40 余篇。

作为一名备课组长和教研组长，我认真组织和参与学科教研活动。和同事一起学习和探讨专业知识以及教学的新观念、新思想，并把这些新的教学方法运用到教学中去，带领同组教师不断努力，与同伴共同提炼、总结经验，共同成长。

一路走来，有辛酸，有收获。我想我不仅仅是幸运的，更是幸福的，成长虽磕磕绊绊，但是在自身的努力和同伴互助下我也在不断蜕变，成长为更好的自己。今后我将更加专注、更加勤勉，不断地学习、思考，仔细研究，及时总结，向着更高的目标迈进。

讲好家乡故事，培根铸魂育人

政治组　张　静

张静老师授课

思政课是落实立德树人根本任务的关键课程。故事化教学是思政课教学创新的一个重要方向。思政课教师要会讲故事、讲好故事，要给学生心灵埋下真善美的种子，引导学生扣好人生第一粒扣子。小故事蕴含大道理，教师要把深刻的思想、抽象的道理转化为鲜活的通俗易懂的事例，把“道”贯通于故事之中。

2020 年，三明市教育局举办学校思想政治理论课一体化研讨暨中小学思想政治理论课示范课活动，要求结合我市“四篇文章”，分红色三明、工业三明、绿色三明、文明三明四个专题，讲好“三明故事”，设计一节思政理论课。我有幸参与了此次活动，分到“文明三明”这张城市名片，“三明三明，精神文明”。精神文明是三明最重要的城市名片、最突出的特色优势、最宝贵的精神财富。我设计了“一座城，因文明而美——文明三明‘拍了拍’你”一课，本课后荣获福建省第二批中小学思想政治理论课“百堂示范课”称号。

备课过程中遇到的最大问题是以往都是根据教材来进行教学设计和授课，这次没有给定教材文本材料，而是要根据三明市的精神文明创建之路挖掘并整合教育资源。我的指导老师，三明学院马克思主义学院院长邹晓芟教授给我提供了非常宝贵的三明文明城市创建的历史资料，指导我从三明市的精神文明创建之路让学生感受家乡的变化和魅力，体会文明城市创建给群众带来的惠民利民的成效。

议题式教学是高中政治学科核心素养培育的重要途径，也是帮助教师和学生转变教学方式和学习方式的重要手段。在三明二中周曦老师的指导下，我将本课设计成三个子议题：文明积淀，打造靓丽城市名片；文明成果，惠及广大山城人民；文明前路，号召你我携手共行。我充分挖掘地方资源，创设教学情境和探究问题，让学生有真实直观的感受，激发学生主动参与课堂的兴趣和热情。同时，真切的问题和实践，激发学生作为"三明市民"的参与感与责任感，强化使命担当。

我播放视频《自信山城，大美三明》这一三明城市宣传片，引导学生说出自己眼中最美的三明的风景。学生感受到三明的美不仅体现在静物的"美景"，更体现在城市的"文明之美"，点出本课的学习主题。接下来我用一组"老照片"回溯三明的文明城市创建之路，三明作为一个山区小城，是如何脱颖而出，获得"全国文明城市"殊荣的？课前调查阶段，布置学生分小组收集与整理三明市创建全国文明城市的成功经验，分别从"满意在三明""志愿服务""道德模范""文明讲坛"等方面进行介绍。回顾三明发展的历史，激发学生爱党爱国爱家乡，增强学生的"获得感"和"幸福感"，学生的辩证思维能力得到提升，学会用全面、历史的观点看问题。

一节精彩的课应该有思维的火花及观点的碰撞，我创设开放性的思辨问题："文明城"与"烟火气"之间的关系，引导学生辩证思考"文明城"与"烟火气"，即文明城市创建与游商小贩之间的关系，让学生在价值冲突中提升思维，形成正确的价值取向和道德定力，提高辩证思维能力，培养学生"科学精神"学科核心素养。在学生观点的基础上我进行总结提升，什么是文明，文明是为了什么？重视民生才是文明城市创建的初衷，文明城市创建的最终目标是满足人民群众追求美好生活意愿的要求，用文明创建来增强人民群众获得感、幸福感和归属感。而全国文明城市的创建，所有的三明市民都是主角，展示e三明“文明积分”制，布置探究问题：结合实际谈谈如何提升文明市民积分，为文明城市创建做贡献。引导学生积极参与文明城市建设，热心公益事业，践行公共道德，乐于为民服务，勇于担当社会责任。

课的最后，播放MV《为三明点赞，为文明点赞》，在歌曲中点燃学生热爱家乡，以家乡为豪的感情，自觉投身于“新三明”的建设，投身于祖国的发展中，培养学生的家国情怀。结合我校的美育特色，还设计课后拓展作业：让学生创作并设计一张公益广告来传播文明理念、弘扬时代新风，助力文明城市创建。

本节课从“文明三明”这一靓丽的城市名片入手，老师和学生一起讲好三明故事，培养学生的家国情怀，通过探究活动，达成内容活动化，活动内容化，从而潜移默化地提升学生的核心素养。思政课教师在讲故事过程中要善于通过总结结论、提炼观点、激活反思等方式满足学生的“觉察”需求，让学生从生动的故事中听出故事的价值和意义。讲好家乡故事，厚植家国情怀，讲好中国故事，培根铸魂育人！

四、名师引领工程：教师发展典范

名优教师是某一学科领域中具有一定影响力和感召力的教师，是某一群体的核心。名优教师的教育教学理念、教育教学方法、教育教学评价更具有先进性，容易被同行接受与认同。发挥名优教师的示范、辐射作用，不仅能实现优质教育资源的共享，还能通过名优教师的吸引力、亲和力、感召力、凝聚力来聚集名师群体，产生名师效应，带出一个优秀的教师团队，推动新课程改革，提高教育质量。

为提升教师专业素质，促进教师专业发展及教师队伍建设，学校开展基于高考综合改革，与省级示范校建设相匹配的名师“梯级”培养行动计划。

以学校现有省、市、校级骨干教师为主，组成学校名师培养专项工作组，工作组内教师为名师培养对象，按省、市学科带头人及名师条件要求，对工作组内教师优先开展省市级优秀教师的“梯级”培养工作。

对名优教师，学校通过《三明市第九中学“1369”教师专业成长梯级管理评估标准》进行考核，促其脱颖而出，提升学校的竞争力。

尚美语文：我的高中语文教学主张

语文组　李　伟

李伟老师参加田家炳学校展示活动

关于“尚美语文”的思考与提炼，由来已久。在20余年的高中语文一线教学实践过程中，我始终在思考语文教学的特性与语文学科素养的内涵与体现。

2002年，那是我参加工作的第2年，学期伊始，班级里的一位女生在我的课堂上表露出了不屑的神色，这让初出茅庐的我很不舒服。她在我面前提及高一时教她的余养健老师如何如何。养健老师是我们的教研组长，彼时，他正带着学生大搞他的“课堂革命”，将一个学期的教学内容半个学期就教完，剩下的半个学期他和学生一起阅读、写作，带着学生读了一本又一本的大部头、编出一册又一册的作文集子，学生在报刊上发表的作品更是一篇接着一篇……周边全是观望的眼睛，赞赏声有之、质疑声有之，养健老师似乎都不为所动，继续着他的改革大计。年轻的我面对这位女生的不屑与质疑，心里是憋着一股劲的。此后的每一堂课，我在特别关注这位女生反应的同时，努力让语文课堂呈现出更好的生态。毕业的时候，她给我送了贺卡，承认了我是和养健老师一样优秀的语文老师。这份肯定得之不易，我心知受之有愧，唯有更加勤勉！

2012 年，我在童丽华老师和余养健老师的指导下参加福建省中小学教师教学技能大赛，备赛期间，养健老师问了我一个问题：你的这堂课要靠什么打动评委？我立刻联想到，2002 年我的语文课堂，靠什么打动了那位女生，我明白，那一定不是高考答题的技巧，不是机械的知识传授。那位女生酷爱文学与写作，接受过养健老师课堂革命的洗礼，她对我的态度转变也许是因为不服气的我对教材文本持之以恒地钻研，最终在语文课堂上呈现出对教材的审美性解读。

对教材进行审美性解读成为我备赛以及一直以来备课的主要方向，我更加明确地认识到审美与语文同在，对教材文本资源，要体认其审美的特性、确立审美点，直至建构起教学素材的审美范畴和美感体系。

2015 年，我参加福建省骨干教师培训，在福州的一所中学听了一堂课，年轻的开课教师教授的是史铁生的《合欢树》，课堂显然经过了精心的打磨，各个环节环环相扣，要达成的教学目标在课堂上逐一由教师呈现。当日受邀评课的专家是福建语文界的泰斗陈日亮老师，日亮老师一针见血地指出了这堂课的问题所在：阅读课的重心不是得出结论，尤其不是得出教参的结论或者师者的结论，而是贴合文本，引导学生领悟。

陈日亮老师的评课带给我新的触动，那位开课老师的课堂在外行看来是精彩的，但这份精彩不属于学生，而属于开课的教师。我想，越有才华的教师越容易进入这个教师个人表现的陷阱。课堂是学习的经历，体现建构的过程。这个建构是学生的建构，因为学生才是课堂审美体验的主体。审美课堂应当在调动学生的学习动机，激活教材、作者和读者的多重对话，让学生亲历审美进阶上做文章。唯有此，我们的语文课堂方能成为师生精神共同成长之地。回想余养健老师以实验与行动的姿态开展课堂改革，正是引领学生贴近甚至匍匐于文本，学生在获取个性化审美体验的同时，个体生命也被赋予了更为深沉的价值。

2019 年，福建省学科带头人第一次集中研修期间，我的导师鲍道宏博士在《两年培养方案：焦点与协同》专题讲座上，阐明学带班培养宗旨是造就一批师德优良、境界高远，教学艺术精湛、教学主张独特，在省内外有较大影响的教学名师，并从焦点与协同两个层面为我们规划了未来两年的教研和实践任务。结合长期的教学实践，我开始尝试着提炼我的教学主张。

2020年，在鲍老师的指导下，我申报的福建省中青年教师教育科研项目（基础教育研究专项）课题“美育视阈下高中‘文学阅读与写作’学习任务群教学实施策略研究”（课题编号：JSZJ20129）顺利立项，首次提炼出“尚美语文”这一理念，从整体上勾勒了在高中语文教学实践中落实学生语文素养的基本主张。

尚，有崇尚、注重之意，“尚美语文”的核心是构建审美课堂。教育学视角下，审美是在感性与理性、主观与客观矛盾而统一的基础上，感受、追求、领悟和判断美的情感、内涵、精神价值与意义的主观活动。审美过程一般从直觉开始，产生审美联想和理解，激发审美情感，引起审美愉悦，受到熏陶感染。

从核心素养的落实来看，语文活动天然可以充分发挥教育的审美功能，语文活动的过程就是在体验美、鉴赏美、创造美。尚美语文，主张用美的方式开展合乎语文文本规律和学习规律的教学，通过课堂的审美活动使学生个体获得审美的愉悦，形成正确的审美价值观，提升个体审美综合素养，其过程是审美的过程，是心理过程与认识过程的和谐统一。

从课堂教学境界来看，不论课堂教学的层次水平有怎样的差异，进入更高的境界是课堂教学应有的不懈追求。而学生是课堂教学的中心，让学生在课堂中呈现出更好的状态，得到更好的发展，是课堂教学的目标追求。尚美课堂不仅注重学生知识能力的发展，同时也兼顾思想精神的发展，关照情感和心理，因此，走向审美是课堂境界提升的必然追求。

在语文前辈的引领和启发下，在不间断的学习与思考中，我逐渐认识到，与美同行，带领学生审美阅读，在对“美”的语言赏析、“美”的精神的感受中培养审美情趣、进行审美创造正是语文学习的精髓所在。

当然，“尚美语文”的教学主张，内涵还不甚丰富、逻辑还不够清晰，好在对于语文教学的探求，我从未停止脚步。心怀学生，践履笃行，用超越实用的、非功利的态度对文学作品进行审美解读，抵达课堂审美的深处，以审美教育促进人实现自由而全面的发展将是我不懈的教学追求……

与时俱进，共同成长

数学组　陈桂芬

陈桂芬老师授课

我担任数学教研组长兼高一数学备课组长，带领全组老师一起学习新课程改革的先进教育理念，我们根据建构主义理论、人本主义理论，成功构建了“学为中心”的对分教学模式，思考在教学中如何帮助学生掌握知识、提高能力、发展素养。我意识到核心素养不是教师短时间“教”出来的，而是学生领悟出来的，是经过长期积累而慢慢形成的。我和全组老师一起研究如何把常态教学与核心素养的培养结合在一起，如何在备课时体现核心素养的要求。

在教学过程中，我采用了“对分课堂”的模式，以“时间对分”“教学对分”“权责对分”的方式，组织合作探究，从单纯传授知识转向教观察、教思考、教表达，培养学生的数学思维和解决实际问题的能力。教师用心发现学生的美，从关注、尊重、善待、满足学生的每一个需求开始，改进问题设问，改善与学生的交往，完善对学生的评价，启发学生的智慧，发展创新意义，提高学生的课堂学习效率；尊重学生的个性化发展，突出学生的主体地位，发挥学生的优势，因材施教，挖掘潜能，让学生在学习过程中得到更多的启发和帮助。

教师回归引导者的身份，课堂有意留白，让学生通过自主、合作、探究学习，习得知识、技能、思想方法，掌握学习内容的本质。运用生活案例，创设民主氛围，教学从教师的单边讲授转化为师生间、生生间的多边活动，学习也从课堂 45 分钟的单一模式转化为可供选择的多种模式，如利用流媒体生成短时间、颗粒化的教育资源，可以随意拆装、组合，可供学生随时随地学习。

在省级教师培训会上，我开设《创新完善校本教研，促进师生共同发展》的讲座，推广“对分课堂”教学模式，并将研究成果推广到了尤溪一中、大田一中等地，在此基础上凝练的教学成果获得了省教育教学成果二等奖。

我在教育改革方向上进行了多项探索和研究。申报立项了“高中数学对分课堂教学模式”“新课程下高中数学尚美课堂评价体系”等 23 个省市级课题。这些课题研究不仅对高中数学课程的教学和评价提供了指导和参考，也对新课程理念如何落地提供了新思路。

我根据新课程注重学生的个性化发展的理念，结合数学学科特点，提出了“尚美数学，需求教学”的理念，并总结了“三化·三会”教学模式，引导学生用数学的眼光看生活，如：用不等式解释“糖水加糖会更甜”的现象，建立数学模型解释油饼为什么膨胀，利用几何体结构特征进行陶艺制作，用解三角形知识实现量山测海的梦想……感受数学与生活的密切联系，培养学生的数学兴趣，运用数学知识和方法，创造数学美的作品，展示自己的想象力和创造力。让学生在“做中学，研中悟”中体验数学概念的形成和数学知识的应用，在省市各级各类活动中展示，我们的研究成果通过开设公开课、讲座如《以抛物线焦点弦及其相关问题为例谈基于核心素养下的高三有效复习策略》《抛物线焦点弦及其相关问题》《走进新课程　做好新教研》《立足本职工作，接地开展研究》等，取得了很大的反响。

我结合实践研究发表了 26 篇 CN 论文，包括《新型教研——说题感悟》《五度教学　素养导航　学科育人》等。这些论文涉及教育、教研、教学的方方面面，从教学法到学科育人，都有详细的阐述和探讨。除了论文外，我还出版了专著《尚美数学——需求教学》，这本书详细介绍了我们在高中数学教学中的实践和经验，旨在为其他教师提供有用的教学方法和教育理念。

“一个人能走多远，看他与谁同行，一个人有多优秀，看他有什么人指点，一个人有多成功，看他与什么人相伴，有几位好同伴，将会成就你的一生。”我将努力让自己朝着反思型教师—科研型教师—学术型教师的自主发展阶梯式方向奋斗。今后我将继续保持刻苦钻研、锲而不舍、持之以恒的学习精神和态度，与时俱进，在求变思变施变中努力和我的同伴们共同成长！

附：三明市第九中学“1369”教师专业成长梯级管理评估标准

三明市第九中学“1369”教师专业成长梯级管理评估标准（一）

姓名：________　　学科：________　　参加工作时间：________

项目 \ 等级 / 标准		三年——胜任	自我评价	审核部门
A1 职业道德与获奖		热爱教育事业，为人师表，有较好的教师职业道德，作风正派。		办公室
A2 班主任工作		担任班主任工作一年以上，班级管理有序。		政教处
A3 教学能力	B1 评教评学	教育理念符合素质教育的要求，适应满工作量学科教学，教学过程中能落实三维目标，关注师生互动；在评教评学中学生反映较好，满意率在60%以上；能基本适应高中教学。		教务处

续表

项目	标准（等级）	三年——胜任	自我评价	审核部门
	B2 教学成绩	近两年市级以上统考中所教班级平均分成绩在同备课组或同班科组中评比居中等及以上水平；技能学科正常开展学生兴趣小组活动。		
A4 教研能力	B3 教科研工作	参加听课评课活动，积极发表意见、看法。		教研室
	B4 教学论文	一篇教育教学论文在校级及以上刊物汇编。		
	B5 公开（示范）课教学	在组内开设公开课。		
A5 年度考核		三年内年度考核合格以上。		办公室

三明市第九中学“1369”教师专业成长梯级管理评估标准（二）

姓名：________　　学科：________　　参加工作时间：________

项目（标准/等级）	六年——骨干	自我评价	审核部门
A1 职业道德与获奖	热爱教育事业，为人师表，有良好的教师职业道德，治学严谨，忠实履行教师工作职责；获校级及以上单项荣誉。		办公室

续表

项目 \ 等级标准		六年——骨干	自我评价	审核部门
A2 班主任工作		近三年中的两年担任备课组长或班主任工作，所在备课组的成绩或所带班级的文明班级考评居年段中等及以上。		政教处
A3 教学能力	B1 评教评学	熟练掌握所教学科课程标准，在教学过程中能较好地落实三维目标，注重师生互动，能调动学生的学习积极性；课堂教学有一定的风格，在评教评学中学生反映良好，满意率在70%以上；能胜任高中三年循环教学。		教务处
	B2 教学成绩	近三年其中两年的市级以上统考中所教班级平均分成绩在同备课组或同班科组评比中居中等以上；技能学科正常开展兴趣小组活动，成绩显著。		
A4 教研能力	B3 教科研工作	至少主持或参与一项校级课题研究。		教研室
	B4 教学论文	一篇教育教学论文在市级及以上刊物汇编或发表。		
	B5 公开（示范）课教学	在校级及以上开设公开课、观摩课或学术讲座。		
A5 年度考核		六年内年度考核至少有一年优秀，其余合格。		办公室

“三明市第九中学“1369”教师专业成长梯级管理评估标准（三）

姓名：________ 学科：________ 参加工作时间：________

<table>
<tr><th colspan="2">项目 \ 等级 标准</th><th>九年——优秀</th><th>自我评价</th><th>审核部门</th></tr>
<tr><td colspan="2">A1
职业道德与获奖</td><td>热爱教育事业，模范遵守教师职业道德，深受学生欢迎；有较强的团队精神、奉献精神和服务意识，获校级及以上综合性荣誉。</td><td></td><td>办公室</td></tr>
<tr><td colspan="2">A2
班主任工作</td><td>担任班主任、备课组长三年以上或担任教研组长、年段长或学校中层以上职务。</td><td></td><td>政教处</td></tr>
<tr><td rowspan="2">A3
教学能力</td><td>B1
评教评学</td><td>在教学过程中能很好地落实三维目标，有效地调动全体学生学习积极性；教学方法独具一格，上课水平在校内有一定的知名度，在评教评学中学生反映优良，满意率在80%以上。</td><td></td><td rowspan="2">教务处</td></tr>
<tr><td>B2
教学成绩</td><td>近三年其中两年的市级及以上统考中所教班级平均分成绩在同备课组或同班科组评比中居前列；技能学科正常开展兴趣小组活动，成绩突出。</td><td></td></tr>
<tr><td rowspan="2">A4
教研能力</td><td>B3
教科研工作</td><td>教研意识强，至少主持或参与一项市级以上的课题研究，在教学研究中有一定见解。</td><td></td><td rowspan="2">教研室</td></tr>
<tr><td>B4
教学论文</td><td>一篇教育教学论文在省级及以上刊物汇编或公开发表。</td><td></td></tr>
</table>

续表

等级 项目　　标准		九年——优秀	自我评价	审核部门
	B5 公开（示范）课教学	在校级以上开设示范课、观摩课或学术讲座。		教研室
A5 年度考核		九年内年度考核至少有两年优秀，其余合格。		办公室

第三节　多元评价促进专业发展

一、学术委员会：积极评价我做主

为进一步强化“学习与研究”的学术研究氛围，推进课程建设与教学改革，加快教师专业发展进程，全面推动学校教学、教研与科研工作再上新台阶，学校成立学术委员会。

学术委员会是与教育教学相关的学术组织，开展各项学术活动的学术审议、评定与咨询等工作，对学校教学、教研与科研工作起着推进、指导与监督作用。

学术委员会下设若干专业小组，用于开展对应学术项目的研究、指导与推进工作。根据工作需要和学术活动开展情况，学术委员会对专业小组可临时增设与解除。

学术委员会的工作职责包括指导、组织学校各类学术交流活动，鉴定、评审和推广学校各类学术交流成果，督促、指导与评审教师个人专业化成长工作，开展学术项目的普及推广、质量提升和外出参赛工作，开展教育教学改革与创新实验工作等。

专业小组的工作内容如下：

1. “精品优课”组

“精品优课”组成员

负责教师教学技能大赛工作，分别对教师技能、微课、“精品优课”等教师竞赛进行管理、督促、指导与评估，推送参赛人选，促进教师技能提升。

2. 科研论文组

科研论文组成员

开展教师专业的“学习与研究”工作，对教师科研论文进行管理、督促、指导与评估，促进教师专业写作水平的提高。

3. 信息融合组

信息融合组成员

开展“班班通”“智学网”“微课使用”等为主的信息技术与课堂教学深度融合使用的行动研究，形成经验并推广。对信息融合工作进行督促、指导与评估。

4. 教改实验组

教改实验组成员

开展以“小组合作”为特色的课堂教学改革实验，分别形成“导学式”“对分式”等的课堂教学模式并推广，对课堂教学改革进行督促、指导与评估。

5. **校本研发组**

校本研发组成员

开展校本读本、校本作业、社团讲义等课程开发与使用的研究，制订具体可行的操作流程与规范要求并推广，对校本课程的开发与使用进行督促、指导与评估。

6. **课题研究组**

课题研究组成员

协助开展学校在研课题的各类管理、督促、指导与评估工作，促进校级及以上课题的立项与结项工作。

7. 公开授课组

公开授课组成员

协助教务处、教研室开展日常推门听课、评课工作，对教师课堂教学的听评课工作进行督促、指导与评估；推送外出参赛人选。

8. 高考研究组

高考研究组成员

对高考学科复习开展系统化研究，专项开展高考试题、试卷的研究，开展学科复习方法的研究，对高考复习工作进行督促、指导与评估。

9. **美术培优组**

美术培优组成员

开展美术专业教学、教研及教师专业化成长研究。对教师、学生的美术专业作品进行全面评估，给予专业指导，加强日常督促管理，推选优秀作品参加上级比赛，促进教师专业技能成长。

10. **生涯教育组**

生涯教育组成员

开展学生综合素质评价的专业研究，开展德育系列“共创活动”，编制学生生涯规划读本，对班级文化建设及班主任工作进行督促、指导与评估。

二、发展性评价：让评价更积极

发展性教师评价是以现代教师发展观为指引，以促进教师专业发展为目的，以教师发展过程为评价对象的现代评价方式，是贯彻以人为本理念，加强教师职业道德建设，促进教师业务水平不断提高的重要渠道。学校为进一步探索教师队伍发展和提高的管理模式，不断完善教师发展性评价方式。

《基础教育课程改革纲要》指出："建立促进教师不断提高的评价机制。强调教师对自己教学行为的分析与反思，建立以教师自评为主，校长、教师、学生、家长共同参与的评价制度，使教师从多种渠道获得信息，不断提高教学水平。"学校教师发展性评价实施方案根据上级有关文件精神，遵照民主协商、平等对话的原则，通过引导教师对自己的工作做出客观评价和有深度的反思，发挥评价的导向、激励和改进功能，帮助教师真正得到发展。充分发挥评价的导向、诊断、激励、反思、改进发展的功能，促进教师职业道德和专业水平不断提升和发展，实现教师的自我教育功能。

1. 评价原则

（1）发展性原则：发展性评价目的是促进教师专业能力不断发展。学校根据教师发展计划以及学生发展的需求，使不同层次的教师在原有的基础上都有所发展。

（2）自主性原则：发展性评价充分尊重教师的主体地位，挖掘教师自身发展的潜能，开拓发展时空，发挥教师发展的主动性和创造性，不断提高教师自我反思、自我完善、自我发展的能力。

（3）激励性原则：发展性评价改变以往只注重横向比较的评价方式，注重教师自身发展的纵向比较，鼓励教师在不同阶段、不同基础的情况下都能不断获取成功的体验，以形成自我发展的动力。

2. 评价方法

（1）自我评价：自我评价可采取多种方法。如学校每年召开高考学考经验交流会，上一学年和高考学考工作有关的老师按照评价内容通过高考学考总结的形式来进行自我评价。此外，教师还通过写教学日记、教学反思、阶段性工作总结等方式进行自我评价。

郭立龙在高考学考经验交流会上做《薪火赓续迎盛会·砥砺奋进铸“双新”》的主题发言

本组内做到四个统一：统一教研、统一进度、统一考试、统一阅卷。

一、定好基调，做好计划

普通班以一轮二轮+微专题、美术班以一轮+微专题展开复习，不管复习时间长短，高考复习定下的基本基调是“实、准、稳”。

“实”是编订校本，梳理主干知识，穿插小专题。适度延伸和加深，照顾全体学生，注重夯实基础，老师讲得实在，学生练到实处，达到实效。基础知识、基本技能要求掌握讲到位、练到位。训练中突出重点，讲究效果。

“准”就是要瞄准课标，准确定位，把准难度，讲练准确。除了重点内容要训练外，针对我校的学生情况，要求重点抓好基础题和中档题的训练，狠抓错题过关，提倡“小题大做”。在基础知识的学习过程中注重总结规律，不断提高。

“稳”就是稳步推进，稳中取胜。不单纯追求进度，以知识是否掌握到位为基本依归。我们要求学生自己在复习过程中总结提高，让学生通过自己的总结，探索解题规律，把教师的教学思路内化为自己的自觉意识。

二、加强合作，统一节奏

加强合作体现在集体备课、集体讨论试题和互相听课评课等方面。每周备课组活动由主备人准备一周的课件、练习、教学重点难点、困惑等，共同商定如何解决重难点。互相听课评课，互帮互学，共同提高。

统一节奏体现在高三备课组内做到统一教学进度、统一练习、统一教辅资料、统一测验。历史科组的作业由主备人负责，作业布置是统一内容，经常性做到全批全改。老师们经常向学生了解教学情，及时改进存在问题。每次当堂测验后认真做好质量分析工作，找出存在问题，并制订出整改的措施。

三、研究真题，精选精练

备课组的各位老师认真钻研新课程标准，领会相关的要求和精神，深入分析2021年福建卷及近几年全国卷的试题，充分发挥集体的智慧，备好上好每一节课，尤其是后期的讲评课。备考工作力求做实做细，尽量用多媒体教学，激发学生的学习兴趣和加深学生对知识的理解。同时，高三的练习多如牛毛，要在最短的时间内达到最好的效果，精选精练是关键。备课组老师分工合作，把握高考命题趋势，精选习题，进行编制课时专练、题型专练、热点专练、综合训练等多种限时训练，重视学生解题能力和答题规范的培养，5月市质检后，美术生的成绩有较明显提高。

四、注重实效，培优补差

面向全体学生，高三第一轮复习重在基础，全面推进，同时指导后进生巩固基础知识，抓默写抓背书，把握历史阶段特征和发展基本线索。根据年段工作进行普通生和美术生培优补差，对尖子生和边缘生的辅导工作定时间定内容定老师，重智力与情感双向投资，从生活上、学习上、思想上关心他们，鼓励帮助他们，使他们不断进步。

五、存在的不足

尽管本学期我们做了一些积极的工作，积累了一些成功经验，但仍有不足和遗憾：

1. 新课程的理念落实得不够充分，传统的教学方法和手段成分还比较多。

2. 普通生后期有较长的疲软期，干劲反而不如美术生，如何保持其持续的学习动力是比较困扰的问题。

总之，一学年来，我们备课组的5位老师竭心尽力地做好自己的本职工作，且大胆推陈出新，在各个方面都有了一定的发展。在新的学年里，历史备课组将始终坚持不怕苦不怕累的优良作风，不断努力，不断探索创新，力争将工作做得更好。

——摘编自《三明九中2022年高考学考交流材料汇编》中历史组杨丽老师的备课总结

（2）学生评价：学生评价主要以评教评学的方式进行，是学校每学期期末组织开展的一项常规性活动。评教评学活动能够广泛、细致了解教师教学工作情况，有助于更全面、多角度掌握学生对学校教育教学工作的满意度，收集意见建议，有效改进、完善和全面提升教育教学管理工作。活动以填写评教评学量表的形式进行，每个班级抽调5名学生代表参加，为保证评教评学的严肃性和科学性，以实名制方式进行。评价内容涉及任课老师的师德师风、教育教学行为等方面，倡导学生敞开心扉，坦诚相对。

三明九中评教评学量表

学校名称________ 班级________ 时间________

教师姓名		**担任课程**					
评价项目	**评价要点**		**评价结果**				
			优	**良**	**中**	**合格**	**差**
为人师表 教书育人	1. 仪表端庄，言传身教，具有爱心，师德高尚。 2. 教风严谨，严于律已，尽心尽责，循循善诱。		10	8.5	7	6	5
教学效果 技能水平	1. 备课认真，讲课熟练，教态自然，语言准确，条理清楚，层次分明，重点突出。 2. 重视启发，思维活跃，方法多样，手段直观，效果优良。 3. 板书工整，准确规范，布局合理，有助于笔记、记忆和复习。 4. 教学技能熟练，全面。		60	51	42	36	30

续表

<table>
<tr><th>教师姓名</th><th colspan="4"></th><th colspan="2">担任课程</th><th colspan="5"></th></tr>
<tr><td rowspan="2">课堂管理</td><td colspan="6" rowspan="2">1. 师生关系：民主、平等、和谐。
2. 课堂学习气氛热烈活跃，学生学习积极性高。
3. 课堂管理严格，责任心强，纪律良好。</td><td>10</td><td>8.5</td><td>7</td><td>6</td><td>5</td></tr>
<tr><td></td><td></td><td></td><td></td><td></td></tr>
<tr><td rowspan="2">教学辅导</td><td colspan="6" rowspan="2">1. 教学辅导一视同仁，顾及全体，照顾个别。
2. 辅导及时，耐心，细致。</td><td>10</td><td>8.5</td><td>7</td><td>6</td><td>5</td></tr>
<tr><td></td><td></td><td></td><td></td><td></td></tr>
<tr><td rowspan="2">作业批改</td><td colspan="6" rowspan="2">1. 作业布置题量适中，难易适当。
2. 批改讲评及时，评语评讲认真。</td><td>10</td><td>8.5</td><td>7</td><td>6</td><td>5</td></tr>
<tr><td></td><td></td><td></td><td></td><td></td></tr>
<tr><td rowspan="2"></td><td rowspan="2">总评等级</td><td>优</td><td>良</td><td>中</td><td>合格</td><td>差</td><td colspan="2" rowspan="2">总评得分</td><td colspan="3" rowspan="2"></td></tr>
<tr><td>100～88</td><td>87～75</td><td>74～65</td><td>64～55</td><td>≤54</td></tr>
<tr><td>总评</td><td colspan="11"></td></tr>
</table>

（3）同事评价：评价的目的在于发现评价对象的优点和不足，以便取长补短、互相学习、共同提高。在教研组内开展参与式评课，在听课的过程中用评价标准衡量被评对象的课堂教学，肯定优点，明确问题，进行综合分析，形成个人对本节课教学的看法，并适时与评价对象交换意见，在提高教研水平的同时促进教师自身的发展。

三明九中“积极教育，小组合作，高效课堂”教学评价表

<table>
<tr><th colspan="2">学科</th><th colspan="2">授课教师</th><th>地点</th><th>课题</th><th>授课时间</th></tr>
<tr><td colspan="2"></td><td colspan="2"></td><td></td><td></td><td>年 月 日
午第 节</td></tr>
<tr><td colspan="7">课堂评价</td></tr>
<tr><td>序</td><td colspan="2">项目</td><td colspan="4">具体指标（每项 10 分）</td></tr>
<tr><td>1</td><td colspan="2">积极教育</td><td colspan="3">消极面和积极面的平衡、相互转化，形成、发展和扩建积极品质如何？</td><td></td></tr>
</table>

续表

学科	授课教师	地点	课题	授课时间

2	预习落实	课堂上，学生是否进行自主学习，效果如何？	
3	合作探究	课堂上，学生是否进行小组讨论，小组汇报展示情况如何？	
4	互动效果	师生互动，生生互动效果如何？	
5	课堂效果	学生的学习目标是否达成？	
6	精讲点拨	教师是否有针对性地对问题进行解惑、点拨和总结？	
7	有效训练	课堂上是否进行随堂训练或检测，是否进行反馈？	
8	教师评价	教师对学生个人或小组是否进行适时、合理的评价或量化？	
9	信息融合	是否有效使用现代信息技术并在课堂教学中合理运用？	
10	复习安排	是否安排和指导学生对本节课进行复习？	
总分			
评课稿			
听课教师签名			

（4）学校评价：通过《“1369”教师专业化成长梯级管理工程》《名师培养工程》《教师学术贡献年度评价工作方案》等制度，为教师成长创造条件，让教师个人成长和学校发展联系在一起，实现共赢。

在年度考核中，教师发表CN论文、开设省市级讲座公开课、参加各级各类学科竞赛、指导学生竞赛、编写校本读本等都可获得相应的分值，且占比较高，充分调动教师参与教育教研活动的积极性。

实施教研组量化评比，通过“教研组量化—备课组量化—教师个人教研量化”流程，依据分值，评出年度优秀教研组长、优秀备课组长、校教研标兵等。在各级各类评优评先、学习培训等方面优先考虑教研量化分高、教育教研方面积极有为的老师。

优秀教研组长表彰

第四节　合作共享实现共同进步

一、引领国内外同类学校

由三明九中牵头成立的高中美术特色教育联盟至2019年已经扩大到闽浙赣桂鄂蒙六省20多所联盟校，三明九中因在艺术教育领域敢为人先，积极尝试，获得丰硕成果，被一致推选为高中美术特色教育联盟的联盟主席校，以“彰显特色、开放共享、合作联动、共同发展”为行动口号，以共同发展特色愿景为纽带，通过优势的植入、融合与再生，形成“学校联动发展、教师协作提高、学生共同成长”的氛围，成就高品位、高品质的美术教育特色。

2016 年，闽浙赣三省十校高中美术特色教育联盟成立大会暨首届高峰论坛在三明九中召开

二、辐射省内各地学校

作为首批省级示范校，三明九中传承优良教育传统，创新办学理念，承担示范作用。近年来，学校通过定期举办省市级教学开放活动、开设名师示范课、接待省内外跟岗教师观摩学习等方式，发挥示范辐射作用。

自 2018 年以来，学校每年举办与示范校创建相关主题的教育教学开放活动。每年的省、市级教学开放活动，都有来自省内各地多所学校的 200 多位老师到场交流，还有江西、湖北、浙江等省多所美术教育联盟校的老师远道而来。在特殊时期，学校以直播的方式，让无法到现场的老师通过线上方式参加活动。

1. 课堂教学，聚焦核心素养

在省教学开放活动期间，学校及帮扶校的多位教师开设学科教学示范课。

2022 年，汪冬梅老师在第八届省级教学开放周活动中开设“Unit 5 Working the Land: Listening for Writing”公开课

2022 年，南安市侨光中学陈日升老师在第八届省级教学开放周活动中开设“篮球行进间双手胸前传接球”公开课

2022 年，南安市诗山中学林辉真老师在第八届省级教学开放周活动中开设“外国影视音乐”线上公开课

2. **特色课程，创新育人方式**

经过多年的探索，学校结合学情、校情，不断发展特色课程，形成了“校本课程特色化”和“社团活动课程化”的特点。“校本课程特色化”体现在学校通过多年积累，一共开发校本课程120余门，每学年开设近50门课程供学生进行选课走班。“社团活动课程化”则落实在学校以社团活动形式对选修课程实施探究性、项目化学习，使校本课程更有序，更有效。

在学校开展的各大教学活动中，社团活动的开放，都以积极亮眼的方式展示着校本特色课程。

插画社、生物学科拓展课在“闽浙赣桂鄂蒙”六省高中艺术特色教育联盟（第五届）“高峰论坛”中进行活动展示

3. **专家讲座，更新教育理念**

在近年的省市级教学开放周等活动中，学校邀请了一大批省内乃至国内知名的专家、学者到校讲学。福建教育学院院长研修部专家魏声汉教授到校开设《聚焦学科价值，落实素养能力》的专题讲座。魏教授深入浅出地分析“积极教育”的内涵与外延，通过教师集体备课的“五研究”、学生学习方法的“五帮助”，充分阐明了“积极教育”在教学改进中具体实施策略，整场讲座既接地气，又有理论高度，给与会者带来了全新的教育感知。

福建教育学院院长魏声汉教授到校开设《聚焦学科价值，落实素养能力》讲座

湖北省特级教师、正高级教师、武汉市第十二中学校长龚红安在线上开设了《五育并举，多元课程成就学生个性发展》的精彩讲座。龚校长以学校多元化、特色化办学的成功经验传递着“不同的学校积淀不同文化，

不同的文化派生不同的课程，不同的课程成就不同的学生，不同的学生绽放不同的精彩”的教育理念。

武汉市第十二中学校长龚红安开设《五育并举，多元课程成就学生个性发展》线上讲座

4. 高峰论坛，扩大辐射范围

2021 年省级开放活动期间，由三明市教育局主办、三明九中承办的“闽浙赣桂鄂蒙”六省第五届高中艺术特色教育联盟高峰论坛在三明九中

2021 年 10 月，“闽浙赣桂鄂蒙”六省高中艺术特色教育联盟（第五届）“高峰论坛”在三明九中举行

顺利举办。这是学校加强区域交流合作，提升课堂教学能力，共享艺术教育成果的又一硕果。论坛以“聚焦育人方式改革，发展学生核心素养”为主题，旨在展示学校在五育融合、课程建设、教学改革、特色办学方面的“双新”示范建设成果，充分发挥国家级示范区（校）的辐射引领作用。

5. **集体备课，提升教育理念**

在省级开放活动期间，学校各教研组展示基于“积极教育”理念的集体备课活动。在备课的“五环节”中充分展示积极教育理念，获得观摩教师的高度肯定和赞扬。

2020 年 10 月，魏声汉教授（左二）参加校历史组集体备课活动

学校结合国家级“双新”示范校和省级示范性高中建设学校创建工作，积极主动发挥辐射引领作用，在省级开放活动期间，邀请帮扶校南安诗山中学、尤溪二中、福清元洪中学、沙县区金沙高级中学教师到校开设公开课，交流展示帮扶成果。省级开放活动期间，还有三明一中、三明二中、大田五中、龙岩市永定区城关中学、晋江陈埭民族中学等校多位教师到校开设公开课，对学校的学情校情有了更直观的了解，对学校的办学理念、办学特色有了更深入的认识。

学校教师结合国家级“双新”示范校创建和省级示范性高中建设学校创建工作，积极总结教育教学经验成果，撰写论文。教科处收集整理编印了《三明九中基于积极教育的教育教学论文汇编》《三明九中学科核心素养教育教学论文汇编》《三明九中关于信息技术与学科教学深度融合论文汇编》《三明九中关于新课程新教材与学科教学深度融合论文汇编》，宣传学校教师在教育科研方面的特色和成果。

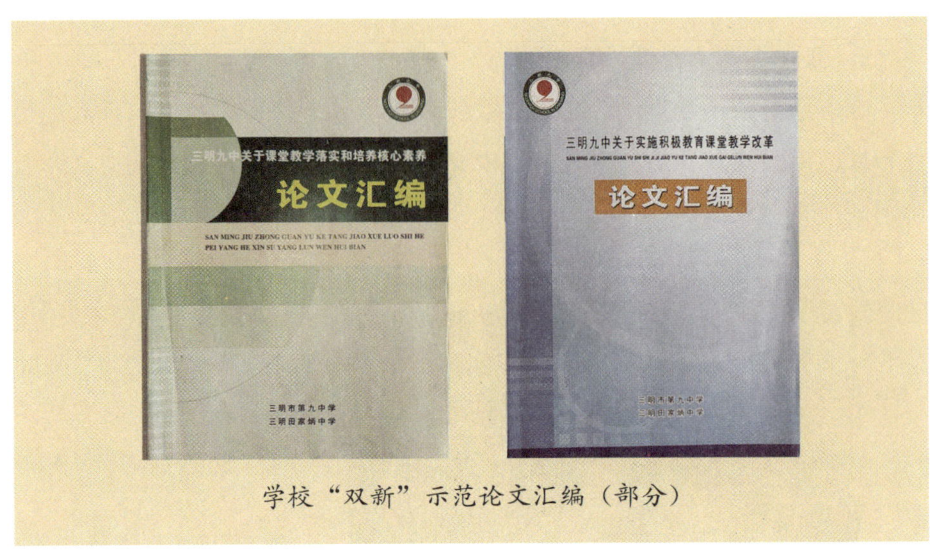

学校“双新”示范论文汇编（部分）

三、帮扶市域各类合作校

1. 与沙县区金沙中学结对帮扶

为充分发挥省级示范校的引领示范、辐射带动作用，扎实推进“双新”工作落地，实施校际联动，创建学校联动发展平台，在达标晋级、优

2020 年 5 月，三明九中与沙县金沙高级中学召开结对帮扶推进会

生共培、学科教研等方面加强交流，促进两校资源共享、优势互补、互利共赢，三明九中与沙县金沙高级中学结对帮扶。两校结合实际，协商制订结对帮扶共同体的工作目标。

两校共同研究美术类、体育类考生的考试、评价、招生与录取的新动向、新政策，探讨建立与美术生、体育生的学考、选考及选课走班相配套、相适应的学校课程规划与执行方案，探讨文化与专业相互协调、行政班与教学班相互补充的美术生、体育生管理机制。研讨“小组合作”为核心的课堂教学模式，开展“学习共同体”“项目式学习”等新型教学方式的指导工作，分享学业增值评价方案。开展校际学科教研活动，开展相互之间的听课评课活动，开展高考、学考专题学术研究。联合开展课题的申报与研究工作，联合进行教师教学技能提升、教师教研与科研等方面的指导，积极探索共同体内网上联动教研模式。建立校际互动交流的网络平台和联盟资源库，切实实现资源共建共享。提供学校现有的各学科教学资源，开展学科集体备课。充分整合两校名师资源，以名师工作室、名师示范课、名师微讲座、名师讲堂等形式的推进为基础，深入发挥名师的示范引领作用。

2021 年 12 月，刘新明名师工作室成员参加三明教育学院“基于大历史观的单元教学”研训活动

2021 年 6 月，池宝玉名师工作室成员参加专题研训活动

以两校各自特色项目为基础，带动、辐射共同体内学校特色发展，为学生个性成长搭建平台，满足学生成长需求。重点通过学生社团活动、文化艺术节活动、美术作品联展等活动，促进两校学生互动交流。

2. 跟岗交流

外校教师到学校进行跟岗交流，一般为一周时间。本着“相互学习，取长补短”的原则，规范开展跟岗交流。跟岗期间双方学校协同合作，在办学理念实践、学校文化创建、教师专业发展、社会服务、特色发展等方面发挥各自优势，持续提升教学质量与办学实力。

2021 年 10 月，宁德名师培养对象到校跟岗

尤溪二中教师跟岗心得一

走进九中校园，立刻被充满艺术氛围的校园吸引住了，它布局别具匠心，每一个角落都彰显着丰富深厚的文化底蕴和先进的办学观念。它不会遗漏学校的任何一个小角落和小柱子，时常给人以惊讶、惊喜、惊叹！不用豪言壮语，只有温馨提示；不必现场说教，只有渲染熏陶。这些朴实的句子、惬意的环境时时刻刻在提醒你、鼓励你、引领你。特别是学校的体艺馆和学生发展中心，把能够利用的空间都交付给学生，成为他们展示书画艺术特长的平台。学校充分挖掘每一位学生的闪光点，让每个学生都有展示自我个性的机会，从而拥有自信。以尚美浸润心灵，成长之路就有了美的明灯，青春的气息于是多了艺术的律动！

尤溪二中教师跟岗心得二

三明九中数学组能充分利用备课组老师的集体力量，真抓实干，实现资源共享。集体备课活动中，教师备上课内容，备上课例题，备模拟考内容。他们选择代表性的例题，进行解题方法讨论；备学生知识掌握情况及理解层次，以提高课堂教学效率。在参与者的智慧交流中，取长补短，集思广益，圆满解决教学中出现的问题，为打造高效课堂奠定坚实的基础。每一位老师的课件几乎都采用备课组教研讨活动的集体成果。教学评课中，评课者对课不对人，毫无保留地客观评价。无论授课者本人，还是参与教研的教师，收获都是很大的。集备，解决了教师个人孤军奋战的问题，

2023 年 3 月，尤溪二中跟岗教师参加历史组、语文组学科教学研讨交流活动

尤其促进了青年教师的成长。

3. **支教送教**

为学习实施课程改革的经验，做好初、高中的衔接，促进初、高中教育资源的共享，为普通高中实施课程改革打好基础，同时也加强城乡兄弟学校的交流、优势互补、资源共享、相互促进，互利共赢发挥作用。按照自愿报名、组织选拔、集体派遣的方式，在学校青年教师中选派若干名教学骨干到南安诗山中学、尤溪县第二中学、三元区岩前中学，从事为期一年的支教工作。支教期间要求每位支教教师独立完成或协助受援学校完成听课、评课、开设公开课、参与初高中教学衔接的研讨、撰写教学论文和支教心得体会等任务。

2023 年 3 月，三明九中与南安诗山中学开展合作交流活动

2022 年 10 月，三明九中前往尤溪二中开展送教送培活动

2022年10月，三明九中前往尤溪二中开展送教送培活动——课堂教学展示

2022年10月，三明九中前往尤溪二中开展送教送培活动——课下评课交流

2022 年 11 月，三明九中与岩前中学开展教师结对帮扶活动

4. **建立初中美术教育基地校**

在三明三中、三元区洋溪中学等全市 13 所初中校建立美术教育基地，定期开展活动，派出教师到校指导，发现培养艺术苗子，实现艺术教育的连贯性。

2010 年，学校建立美术教育基地，定期与合作校开展交流研讨活动

三明九中以“完善制度建设、建构课程体系、优化教学模式、强化校本教研、创新评价方式、探索多元办学”大力推动学校多样化特色发展，并同步实施对外辐射与帮扶，充分发挥示范引领作用。学校“请进来、走出去”，以支教送教送培、跟岗交流学习、联合教研等方式，对不同类型

学校实施对口帮扶活动，辐射示范引领，共享学校办学理念。

在新时代教育乐章奏响之际，三明九中作为省首批示范性高中责无旁贷，将继续充分发挥示范辐射作用，为区域普通高中共同发展奏响最强音！

第七章

兴办社团　千帆竞发

校园文化建设是学校特色发展的重要保障，而高中社团是校园文化建设的一项重要内容，也是打造特色学校的重要手段。在教育改革不断深化和全面推进素质教育的背景下，社团作为学校的第二课堂，是学生在“第一课堂”之外发展个人能力的舞台，体现了一所学校文化建设的生机与活力，是培养中学生综合素质的重要载体。三明九中在打造特色学校的过程中，大力发展社团，社团活动呈现出生机勃勃的景象。

2016 年，三明九中第二届社团文化节现场

2018 年，艺术节街舞社团展示

第一节　构建多元发展的社团模式

2015 年，学校提出“校本课程社团化，社团活动课程化”的理念。在工作小组的精心策划下，学校大胆构建了多元发展的社团建设模式。如今，社团已经从建设初期的校园文化的重要切入点，成为学校发展新的增

长点。

常设社团徽标展示，这些徽标大多数由学生自主设计

一、校本课程社团化

学生活动社团化是指根据学生的个性特点、兴趣爱好、能力水平等因素，按照一定的规律和要求，将学生按照不同的标准组织起来，开展丰富多彩的社团活动。

高中生学生活动社团化有助于提高学生综合素质。在社团中，学生将有更多机会结交来自不同班级、不同文化背景的同学，从而开阔视野；社团中有许多导师和学长学姐，他们能够传授经验，激发学生创新意识，帮助学生学习成长，从而开拓发展方向。社团活动能够激发学生的自主学习能力与探索能力，在实践中发现并解决问题，培养领导能力和团队合作能力。这些积极的体验和收获对于学生未来的发展和成长有极其重要的启示和作用。

校本课程社团化，创新活动方式和形式，增强了学生的个人魅力，激活了学校内部的活力，为学校的发展方向提供了新的可能。

二、社团活动课程化

社团活动课程化是将社团活动作为课程来建设，重视、加强与改进社团活动课程的开发和实施的过程。社团活动课程化的意义主要在于加强社团管理、丰富校本课程、发挥学生潜力、提升教师水平、彰显学校特色等。社团活动课程化的内容主要包括建立完善制度、明确课程目标、精选活动内容、规范组织实施、开展科学评价等方面。

学校社团的原型是课外兴趣小组，根据学生的兴趣、爱好和特长来开展活动。活动初期，部分兴趣小组没有形成科学的管理机制，活动随意性较大，不能吸引学生的参与。因此，学校严格按照课程体系来设置活动，系统规划社团的发展方向，实现从活动到课程的蜕变，为学生兴趣的激发和特长的发挥提供良好的外部环境，鼓励学生发展自己的爱好和特长，促使学生在活动中实现自己的价值，以此实现社团建设的可持续发展。

中学社团活动课程化是校内组织结构和特色课程服务的制度创新，是学校课程建设的创新点和重要组成。将形式多样的社团活动融入学校课程体系，重视、加强与改进社团活动课程开发和实施，在教师的指导下，借助学分的支持，对社团活动进行系统规划、有效组织和科学考评。社团活动课程化的作用与意义体现在以下几方面：

1. 有利于丰富校本课程，发展学校特色

社团活动课程化，有效地将社团的自主性、灵活性、自发性、人文性、体验性融入学校具有自身特色的校本课程体系中，丰富学校校本课程，同时也对课程与人、课程与生活、课程与自然的和谐统一具有促进作用。

学校开发校本课程一览表

序号	选修课程	课程属性	序号	选修课程	课程属性
1	摄影	美术与设计	11	版画	美术与设计
2	插画	美术与设计	12	精微素描	美术与设计
3	工笔画鸟	美术与设计	13	手绘动漫	美术与设计
4	黑白装饰	美术与设计	14	手帐研究	美术与设计
5	硬笔书法	美术与设计	15	数字动漫	美术与设计
6	手工	美术与设计	16	色彩	美术与设计
7	陶艺	美术与设计	17	视频编辑	美术与设计
8	设计基础	美术与设计	18	篆刻	美术与设计
9	平面设计	美术与设计	19	望星空天文	科学与思维
10	书法	美术与设计	20	科学 DV	科学与思维

续表

序号	选修课程	课程属性
21	化学趣味实验	科学与思维
22	校园生物	科学与思维
23	木工	科学与思维
24	漂流书屋	科学与思维
25	象棋	科学与思维
26	无人机与3D建模	科学与思维
27	科学奇思	科学与思维
28	生活中的真菌	科学与思维
29	花样跳绳	体育与健康
30	健康心理学	体育与健康
31	网球	体育与健康
32	太极	体育与健康
33	足球	体育与健康
34	羽毛球	体育与健康
35	趣味心理	体育与健康
36	释梦研究社	体育与健康
37	心理观影	体育与健康
38	体育艺术表演	体育与健康
39	心理团体辅导	体育与健康
40	诗词品读鉴赏	文学与才艺
41	舞蹈团	文学与才艺
42	播音编导与主持	文学与才艺
43	格律诗创作	文学与才艺
44	民族管弦乐团	文学与才艺
45	合唱团	文学与才艺
46	茶艺	文学与才艺
47	榕·韵	文学与才艺
48	海洋地理	学科与拓展
49	地球家园	学科与拓展
50	地理·中国	学科与拓展
51	自然灾害与防治	学科与拓展
52	旅游地理	学科与拓展
53	近代主要资本主义国家国别史	学科与拓展
54	精细化学品化学	学科与拓展
55	化学与技术	学科与拓展
56	化学与生活	学科与拓展
57	化学与社会	学科与拓展
58	生活中的化学	学科与拓展
59	高中生涯教育	学科与拓展
60	现代大国关系史	学科与拓展
61	历史人生	学科与拓展
62	例说中国传统文化	学科与拓展
63	历史名人故事	学科与拓展
64	生物伦理学	学科与拓展
65	生物思维	学科与拓展
66	印象生物	学科与拓展
67	普通生物学2	学科与拓展
68	几何证明选讲	学科与拓展
69	高考数学思想	学科与拓展
70	数学史选讲	学科与拓展
71	矩阵与变换	学科与拓展

续表

序号	选修课程	课程属性	序号	选修课程	课程属性
72	数学思维应用	学科与拓展	92	职场英语	学科与拓展
73	不等式选讲	学科与拓展	93	英汉互译	学科与拓展
74	信息安全与密码	学科与拓展	94	英语修辞	学科与拓展
75	初等数论初步	学科与拓展	95	英语文学阅读赏析	学科与拓展
76	坐标系与参数方程	学科与拓展	96	英语诗歌鉴赏	学科与拓展
77	趣味化学实验	学科与拓展	97	英语国家社会与文化	学科与拓展
78	高考中的数学文化	学科与拓展	98	英语报刊阅读	学科与拓展
79	风险评估与投资	学科与拓展	99	整本书阅读与分享	学科与拓展
80	日本历史文化	学科与拓展	100	春秋历史	学科与拓展
81	生活中的数学	学科与拓展	101	高中学生课外阅读初探	学科与拓展
82	英文歌曲	学科与拓展	102	文言传记阅读	学科与拓展
83	优选法与试验设计初步	学科与拓展	103	红楼八卦	学科与拓展
84	物理学与技术应用	学科与拓展	104	中国文学常识梳理	学科与拓展
85	物理学史的研究	学科与拓展	105	晋代诗歌比较阅读	学科与拓展
86	物理与生活	学科与拓展	106	孟子阅读	学科与拓展
87	生活中的物理实验探究	学科与拓展	107	整本书阅读	学科与拓展
88	英语演讲	学科与拓展	108	科学思维常识	学科与拓展
89	英语职业生涯导航	学科与拓展	109	民法概述	学科与拓展
90	基础英语写作	学科与拓展	110	探寻世界真谛，感受哲学智慧	学科与拓展
91	英语美文赏析	学科与拓展			

续表

序号	选修课程	课程属性
111	西方哲学史研究	学科与拓展
112	信仰的光芒——中国革命红色记忆	学科与拓展
113	生活中的法律常识	学科与拓展
114	公民道德和伦理常识	学科与拓展
115	西班牙语	学科与拓展
116	英语词根词源	学科与拓展
117	看纪录片认识中国	学科与拓展
118	旅游英语	学科与拓展
119	初级日语阅读	学科与拓展
120	中外戏剧鉴赏	学科与拓展
121	英文词根词源	学科与拓展

2. 有助于发挥学生潜力，促进学生成长

社团活动课程化打破了传统教学模式的限制，为学生潜力的发挥提供了更加广阔的舞台。借助这个平台，学生可自主选择丰富多样的选修课程及社团活动课程，与志同道合、兴趣相投的同伴聚集在一起，尽情探讨自己感兴趣的内容和话题，参与自己感兴趣、能够展现自我特长和发挥自己潜能的活动，从而使学生的创新思维在常规教学之外有了大幅度的提升，获得课堂外的收获。

2023 年 12 月，科学 DV 作品《新三个和尚》在“福建省青少年科学影像节”大赛中获一等奖和最佳创意作品奖

3. **有益于加强社团管理，提升社团活力**

社团活动课程化，有助于形成科学的活动规划和建立完善的管理机制。学校社团活动，都配备有专业的指导教师进行活动的组织和教学，将社团活动与教学有机结合，同时引进合理的评价机制，对社团效果进行评价，充分调动师生参与的积极性，形成学校稳定的社团特色和社团文化。

第二节　实施科学规范的社团制度

在广泛征集学生对社团活动课程需求的基础上，进行顶层设计，按照课程设置要求，加强对社团活动课程的开发，对社团活动课程化的目标、内容、开发、实施及教学等进行系统设计，保证课时，激发学生的积极性，避免社团活动课程的随意性、表面化、娱乐化。

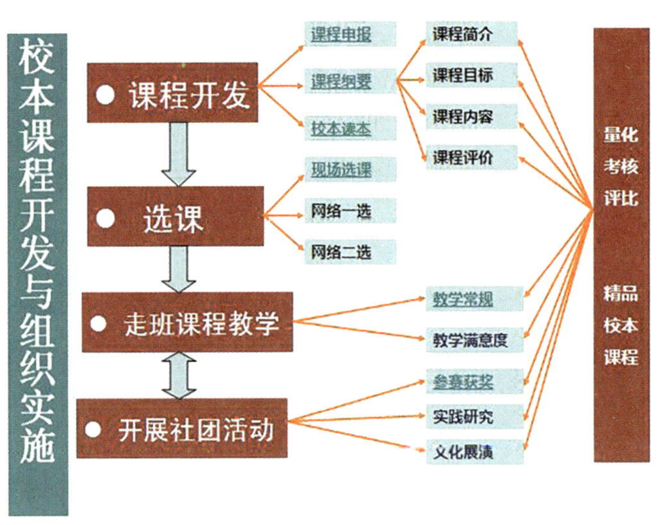

三明九中校本课程管理体系

一、社团课程开发

三明九中社团活动课程开发秉持多样性、实用性、参与性的原则，围绕地方特色和校园文化，以教师为开发主体，鼓励学生及家长积极参与。

1. 围绕校园文化开发

校园文化是一所学校经过长期发展和积淀形成的价值体系，彰显了学校的办学理念和人文特色。作为一所美育特色学校，学校立足实际，开设手工社、书法社、版画社、国画社、动漫社、黑白装饰社、平面设计社、篆刻社等社团活动课程，开展社团文化节、元旦主题绘画、自画衫等丰富多彩的社团活动，让“尚美”这一文化理念在实践中开出绚烂的花朵。

2. 围绕地域文化特色开发

围绕地域文化特色开设社团活动课程，是实现中学生爱我家乡、展现自我、发展个性等教育目标的有效途径之一。同时，这对于学校课程体系的建设也具有重要的促进作用。比如，学校根据三明不同地域的窗花特点，开发出以“窗花”为主题的手工社团。为了更好地了解窗花文化，学校派学习小组到尤溪桂峰古村落实地学习了解当地的窗花，让窗花这一传统文化在校园得以传播。

3. 围绕教师、学生和家长的特长开发

教师、学生以及家长也是社团活动课程开发的重要资源，充分挖掘大家的特长来开发社团活动课程，是社团活动课程开发的重要途径。李生渠、李成燕老师在自媒体方面颇有研究，他们创办的科学 DV 社团深受同学们的喜爱，不仅传播了摄影摄像和视频编辑技术，作品还在全国科学影像节比赛中斩金夺银。有同学基于对爵士舞的喜爱和街舞特长，向校团委申请成立了街舞社团，和体育组的张燕老师共同承担街舞的教学和管理工作，吸引了 22 名喜爱街舞的同学参与。经过不懈努力，街舞社团已被打造成学校一个具有特色的品牌社团。

4. 结合学科课程开发

每一学科除了学科的专业知识外，或多或少地可以链接、延伸至生活领域，学科教师将生活作为切入点，寻找生活和学科课程的结合点，开发基于学科知识的拓展式社团活动课程，在巩固、深化学科知识的同时，使同学们增长见识，开拓视野，提升兴趣。比如，语文组根据学科特点创办诗词鉴赏、编导与播音主持、三月诗社等社团，美术组开发陶艺、素描等社团，音乐组成立合唱团、民族管弦乐团、舞蹈团等社团，体育组组建篮球、足球和羽毛球等社团。

学校通过对社团成立方式的改革，极大激发了学生成立社团、参加社团活动的积极性，不断增加社团的类别和数量。2015 年以来，三明九中每学期开设的社团数量长期稳定在 45—50 个之间，这为高一、高二学生全面参加社团活动提供了组织上的保障。同时，许多社团在学生中产生，在一定程度上能够反映时代特点以及在校学生的爱好和动向，社团活动为学校德育工作提供了重要载体。

二、社团过程管理

依据《三明九中社团课教学规范》《三明九中学生社团优秀指导教师评选办法》《三明九中学生社团获奖学生和指导教师奖励办法》等相关文件，将三明九中社团管理情况通过下表表示：

三明九中社团管理情况

管理项目	管理方式	管理内容
管理机构	宏观方面，设立分管副校长、现代教育信息处，对学校所有学生社团进行指导和管理。在团委学生会设立社团部，负责对社团日常活动进行管理。 微观方面，制定《三明九中社团课教学规范》，对社团内部的管理机构进行明确规定。	现代教育信息处：做好社团部的统筹工作，负责社团常规检查的统计和社团文化节的总安排。 社团部：做好社团活动情况统计，社团大会考勤登记工作，社团文化节文件管理、广播通知、社团常规检查等工作，社团文化节的前期宣传和社团的反馈处理跟进等工作。
经费管理	社团活动经费由社团负责人向学校申请，实报实销，不向学生收取费用。	申请社团活动经费必须由社团教师到现代教育信息处提交“三明九中采购申请单”，并经分管副校长和督查组审查同意后方可购买。

续表

管理项目	管理方式	管理内容
过程管理	由现代教育信息处协调活动场地，根据学校课表规定时间（每周一次）活动。社团教师做好社团活动常规考核。如需加练，社团教师要写好训练计划提前申请，由现代教育信息处安排人员做好巡课。	各社团每个学期开学上交社团活动计划。学期末向学生会社团部提交“三明九中社团活动记录本”。社团活动期间，学生会社团部成员对各社团活动情况进行检查。
考核、评优制度	以学年为单位，评选“优秀社团”和“课外活动校级优秀辅导员”。	根据对各社团的考核记录，社团文化节筹备活动情况，学校教师、学生反馈等方面，对社团进行逐月考核，每年5月进行汇总，评选出“优秀社团”。现代教育信息处组织各部门根据每年的社团组织情况和获奖表现进行“课外活动校级优秀辅导员”的评选。
对社团指导教师的管理	明确社团指导教师的选拔、考核制度。	三明九中社团指导教师的选拔采用“教师自愿申报”与“学生聘请”相结合的方式。社团指导教师在每学期初始提交学期社团建设、社团活动计划，其间按时对社团进行指导或授课，期末社团教师向管理部门提交活动总结。对于不能满足管理要求的指导教师，学校将解除该教师下一学期的社团教师职务。
对社团负责人的管理	明确社团学生负责人的选拔、培养和考核制度。	学校每学期召开两次全体社团学生负责人大会，布置学期工作计划和进行学期社团工作总结。每月召开例会，对管理活动中出现的情况进行及时调整。不定期对社团负责人进行专题性培训。

三、社团活动评价

评价在社团活动课程建设中发挥着重要作用，通过科学评价，学生和指导教师可发现社团活动课程中的问题并做出改进，以便及时完善社团活动课程的开发与实施。建立社团活动课程科学的评估体系，能更好地发挥其教育人、培养人的作用，也是社团活动课程自身建设的需要。从社团活动课程实施的角度，学校对社团活动课程、社团活动课程指导教师、社团活动课程学员分别进行评价。

1. 社团活动课程评价

社团活动课程倾向于以学生发展为中心，核心目的是提高学生的探索能力和实践能力。因此，学校为社团课程量身打造了一套自有的评价机制。

（1）对社团活动课程管理评估。其标准是实施社团活动课程的过程中所采取的各种措施、手段，所制定的规章制度，所实施的具体管理是否有利于培养目标的实现，是否有利于社团活动课程实施。评估的着眼点是考核学校相关课程实施和管理部门是否按照规定的任务和内容履行了职责。评估采取定量与定性、自评与他评相结合的方式。

（2）对社团活动课程实施评估。每个社团都有属于自己的社团活动记录本，社团活动记录本包括社团名称、章程、组织构成、社团活动课程计划、课程内容和课程评价等内容，此外也涵盖了社团人数、社团活动开展情况及财务管理等基本信息。社团活动记录本是社团进行考核评比的重要依据。

（3）形成社团评级报告。每学期末，学生社团要向现代教育信息处上交一份包括社团活动课程计划、课程内容和课程评价的工作总结，同时现代教育信息处根据社团纲要和对社团的日常考核情况，对社团进行量化考核，形成社团评估报告，作为社团活动课程考核的参考依据。

社团活动课程结束后，由学员、社长、指导教师以及行政领导等综合考查社团纲要、总结以及评价报告等材料，评选“优秀社团”，同时提高反思，对于实施不力、社员不足的社团进行整改，必要情况下可取消该社团开设资格。

2. **指导教师评价**

教师在社团活动课程中担任课程的引导者、服务者的角色，负责对学生进行指导。学校以学期为单位，对社团活动课程指导教师从德、能、勤、绩等方面进行综合评价，重点考查指导教师在教学中是否调动了学生的积极性、主动性，是否将综合性的知识学习与学生的能力、态度和行为培养统一起来。并结合社团活动课程实施纲要、社团活动课程读本、社团活动课程备课、考勤记录、期末学生评价表、期末展示、社团活动课程走班日常检查记录表、日常调课表等对指导教师进行整体评价。社团活动课程领导小组认真听取社员的意见，对指导教师进行公正客观的评价，将指导教师的教学课时计入工作量，将教师的指导工作实绩纳入学校绩效考核和评先评优工作中，并通过“优秀社团指导教师”评选等活动，进一步发挥评价在社团活动课程建设中的重要作用。

3. **社团成员评价**

在社团活动课程的评价过程中，除了对学生知识、技能的掌握情况进行评价外，还要留意学生在各个阶段的进步情况，并关注学生的情感、态度、价值观的变化，充分发挥评价对于促进学生发展的积极作用。学校通过学习态度、出勤率、进步度、目标达成情况等参考指标，全方位多元化地对学生进行综合评价，及时发现并解决社团活动课程中出现的问题，保障学生的身心健康发展。

（1）每堂社团活动课程结束，指导教师根据每个学生参与社团活动课程的学习态度、学习效果等进行评价，分出等级，作为学期末评比依据之一。

（2）学期末，学校组织对学生的课程学习情况进行全面考查，通过家长、教师以及自我的评价，对学生的参与态度、学习效果等进行多角度评价，重激励，注重学习过程，尊重个性差异，促其专长、优点充分发展。

（3）采用多种形式展示学生成果，例如，作品展览、竞赛、汇报等，特别优秀的推荐参加区、市、省、国家级比赛。

学校对社团活动课程学员的评价主要以形成性评价为主，不仅重视形成的成果和水平，还全面评价学生在社团活动过程中知、情、意、行等方面的变化，重视过程性和全面性。

象棋社日常活动

第三节　收获丰富多样的实践成果

一、社团发展成为学校特色办学的新增长点

1. 发挥教师个性特长，促进教师专业发展

社团教学与传统课堂教学不同，不仅传授理论知识，更重视动手实践能力。教师理论水平与专业技能将面临更大的考验和挑战。如何将社团活动开展得有声有色，获得学生的喜爱和支持，都需要社团指导教师大胆创新与精心创造，需要教师不断提升教学、沟通、管理等能力。在指导学生开展活动的过程中，面对学生不断增长的兴趣需求，教师需要不断丰富相关知识，不断更新教育观念、提高教学资源开发意识。学校社团发展的过程，也是教师丰富教学文化、提升专业素养的过程。

近年来学校社团课程开发相关课题（部分）

序号	级别	课题号	课题名称	立项单位	课题负责人	成员
1	省级	MJYKT 2012-198	以校本教研促教师专业化发展研究	福建省普教室	蔡书太	陈德魁、胡志清、刘新明、李春军、陈桂芬、魏润俊、张永宁、林孜成
2	省级	MJYKT 2014-219	创建高中美术特色学校的实践研究	福建省普教室	蔡书太	陈德魁、刘新明、胡志清、魏润俊、张永宁、詹学彬、李春军、周美云、王晓华、王国洪、陈桂芬
3	省级	MJYKT 2015-168	立德树人下高中美术社团文化的探究与实施	福建省普教室	廖华清	詹学彬、郑利明、李舒婧、池宝玉、陈仁部、陈玲、许瑞娟、陈隆达、余朝晖、王佳佳、练佳宏
4	市级	JYKT-1204	普通高中美术教育模式研究	三明市教科所	蔡书太	魏润俊、陈德魁、张永宁、詹学彬、李春军、周美云、张静、林建明、胡昌根、陈彬彬
5	市级	SMDY 201405	中学美育文化建设与学生道德培养研究	三明市教育局	程康彪	刘新明、齐瑾、吴军、王晓华、唐震、吴选庆
6	市级	SMDY 201511	中小学校园文化建设传承创新发展研究	三明市教育局	蔡书太	唐震、张起杭、陈德魁、程康彪、刘新明、杨征燕、杨小辉

续表

序号	级别	课题号	课题名称	立项单位	课题负责人	成员
7	市级	JYKT-14005	高中美术班的初高中数学衔接教学研究	三明市教科所	纪贤高	张智勇、陈彬彬、施生康、陈桂芬、李宇宙、张河铭、齐瑾
8	市级	JYKT-15013	美术教学中融入中国传统文化的研究	三明市教科所	郑利明	罗香花、郑博凌、余朝晖、程艳雯、余瑞娟
9	市级	JYKT-18005	三明古民居窗花艺术在高中美术教学的应用研究	三明市教科所	池宝玉	陈丽珠、许瑞娟、李舒婧、郑博凌、陈隆达、李娟、练佳宏、林美珍、郑利明、吴鉴、陈玲
10	市级	SMDY 2017069	普通高中学生社团课程化模式下弘扬中华优秀传统文化的实践探究	三明市教育局	杨小辉	欧阳行、李生渠、胡雪辉、肖九辉、余丽娟、黄美玲、刘小琦
11	市级	JYKT-1008	高中美术特色班数学教学研究	三明市教科所	陈桂芬	王圣荣、施生康

廖华清老师书法工作室日常活动

2. 完善校本课程体系，促进课程良性发展

新一轮基础教育课程改革实行国家、地方、学校三级课程管理，以提高课程的选择性和适应性。学校以课改为契机，集中力量进行课程的开发和研究，推进社团课程化进程，学校的社团课程化在实践中研究，又在研究中实践，使校本课程逐步走向成熟。在国家和省高中课程改革的框架下，在国家必修和选修课程的基础上，形成了较为完善的基于“尚美”文化的校本课程体系。

社团课程化牵涉到学校多个相关部门，由现代教育信息处牵头组织指导教师制定社团活动课程大纲，建立明确的社团活动目标和系统的活动规划，成立一支精干的学生社团干部队伍，制定一套行之有效的社团学期考核评价制度，负责相关部门工作的联系、协调和沟通，使社团活动更加科学规范。教务处配合现代教育信息处做好社团课程的设置、课程资源的进一步开发与管理、学分的认定与审核、聘请社团课程指导教师、社团指导教师的评价与考核等工作。多部门合作形成合力，把原本的松散型社团活动变成既有组织纪律性又有开放灵活性的课程活动。

3. 推动校园文化建设，促进“尚美”文化繁荣

学校“尚美”文化的推进离不开社团活动的开展。社团的发展目前已经取得了较为喜人的成绩，为学校的文化建设增添了浓墨重彩的一笔。在“魅力社团，活力九中——三明九中社团文化节”期间，静态橱窗展览展示了书画社、动漫社、平面设计社等 9 个美术类社团的优秀作品，其中黑白装饰社的装饰用品引起了同学们的阵阵赞叹；动态的展区则进行现场书写书法作品、动漫形象舞台秀等活动，引起台下观看同学的不断欢呼。社团文化艺术节成为校园里一道亮眼的风景，极大程度上丰富了学生课余生活，更为学生展示自我、表现自我提供了一个广阔的舞台。

2019 年，三明九中第四届社团文化节，田家炳基金会甄眉舒女士（右二）莅临我校考察，驻足聆听民族管弦乐团成员演奏

2022 年，三明九中第七届社团文化节暨首届跳蚤市场现场

4. **满足学生个性发展，促进学生全面发展**

从 2015 年至今，社团共有 500 余人次在全国、省、市各级活动、竞赛中获奖（其中国家级一等奖奖项 23 件）。影像类作品《滴血认亲》获“第八届全国青少年科学影像节一等奖”，并摘得影像节皇冠上的明珠——“科学微电影万花筒”最佳作品奖、最佳剧本奖、最佳表演奖；2019 年，科技制作类作品《无碳小车》在第六届国际青少年创新设计大赛荣获中国区复赛一等奖，并在第四届国际青少年科技创新设计大赛哈佛决赛中获银

奖；舞蹈类作品《平凡的力量》在福建省第七届中小学生艺术节获艺术节表演类舞蹈（中学甲组）三等奖；地理科学类作品在第十四届“地球小博士”全国地理科普知识大赛中荣获一、二、三等奖若干名。社团帮助学生在自己喜爱的领域里成就自己。

2019 年 7 月，科学 DV 社团学生前往美国哈佛大学参加第四届国际青少年科技创新设计大赛，获得决赛银奖

5. 社团发展取得的成效

近年来，学校社团建设通过规范化管理，形成了一套较为完整的课程体系，取得了明显效果。

艺术社团成效显著。《海峡教育报》多次刊登学校学生社团作品，在第二届福建省青少年科学素养网络竞赛科普绘画创作评比中，多个社团作品获奖。国画社被共青团中央、全国学联、全国少工委评为 2015 年度全国优秀中学生国学社团。

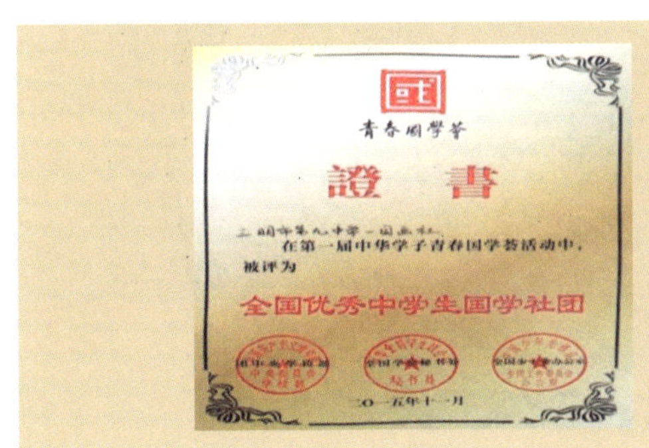

青春国学荟

證 書

三明市第九中学 国画社：

在第一届中华学子青春国学荟活动中，被评为

全国优秀中学生国学社团

二〇一五年十一月

国画社获“全国优秀中学国学社团”称号

形成日臻完善的校本课程体系。以社团活动为主的校本选修课程及走班教学模式已经建成，开设了辅助于美术专业的30门社团课程，形成了丰富的校本课程资源。各社团的校本课程资源日趋成熟，广泛应用于日常教学中，并提供给宁德高级中学、浙江温州艺术学校、江西南昌第十八中学等兄弟学校使用。

辐射示范经验共享。学校优质特色办学被《福建省人民政府公报》报道；学校举办了“向全市人民汇报”三明九中特色办学艺术作品展，社团作品在各类比赛中频频获奖；学校连续三年获得“魅力之光”全国科普知识竞赛优秀组织单位；科学DV社和平面设计社开发校本课程被评为市级精品课程。2019年至今，学校开设社团校本课程市级公开课90多节。

版画社　书法社

手工社　国画社

日常活动、社团展示

2019 年，省教学开放活动，校本课程成果展示吸引众多外校老师观看

二、部分社团展示

三明九中常设特色校本课程简介（部分）

选修课程	指导教师	内容简介	学时
版画社	许瑞娟	课程任务是教会学生熟练运用刻刀，掌握版画的制作技巧，并在传统的根基上，用现代思维方式对版画尝试创新型创作。	36
插画社	余朝晖	学生通过插画活动及课堂教学，学会基础的插画知识和简单的造型技能，培养学生观察能力、形象记忆能力、想象能力和创造能力，提升学生健康积极的审美情趣。	36
动画制作	林茜茜	学生通过本课程的学习，能对 Flash 软件有一定的了解，能够熟练操作软件，进行独立创作。	36
工笔花鸟	林美珍	学生通过本课程的学习，能够了解中国传统绘画艺术的特点，学会欣赏中国画，并进行实践，以提高学生的绘画能力和审美眼光。	36
黑白装饰	李舒婧	本课程通过研究图形语言，培养学生的形象的表现能力、演绎能力和创意能力。	36

续表

选修课程	指导教师	内容简介	学时
科学 DV	李生渠 李成燕	带领学生用镜头记录科学探究过程，使用会声会影软件制作动画，把探究过程形成摄影作品，展示给大众。	36
民族器乐团	李晓群	课程目的在于培养和发展学生的器乐特长，提高学生的音乐素质和艺术气质。	36
摄影	彭灵馨	课程以摄影构图为基础，教授学生熟练掌握构图技法，并进行“摄影艺术”“摄影构图”“照片氛围调整”的实践活动。	36
手工	练佳宏	课程主要目的在于弘扬并传承传统手工文化，丰富学生的课余生活，提升学生的动手能力和审美能力。	36
陶艺	陈仁部 王佳佳	课程目的在于让学生了解陶瓷艺术文化，系统学习现代陶艺制作方法，并进行陶艺装饰、陶艺烧制、陶艺欣赏等实践活动。	36
舞蹈	黄安妮	课程目标为培养学生的基本律动以及塑造学生优美体态，让学生在学习舞蹈的过程中感受音乐的魅力。	36
合唱团	杨征燕	课程目标为培养学生歌唱兴趣，发展学生个性，提升学生的音乐素养。通过歌唱练习活动促进同学交流，活跃校园艺术氛围，推进学校素质教育的发展。	36
动漫	俞雯洁	学生在欣赏动漫人物的同时，能够尝试动漫创作，通过动漫真人秀、动漫绘画、动漫交流等活动，培养兴趣，丰富校园文化。	36
书法	廖华清	课程目标为引导学生了解书法的历史渊源、书体的艺术特点和书写技法，提升学生的软笔书写能力、欣赏能力和艺术修养，让学生受到美的熏陶。	36

续表

选修课程	指导教师	内容简介	学时
十钻绣	张　雁	课程目标为带领学生了解十字绣和钻石绣两种民间手工绣的艺术特征，掌握初级钻绣技能，尝试十字绣作品创作，缓解学习压力，培养创造力。	36
木工	郭　明	课程目标为通过传统的木工技艺，如刨花、锯木头、钉钉子、雕花等技术的学习，让学生了解传统工艺之美，并学会制作简单的木质工艺品，培养工匠精神。	36
新工笔	程艳雯	课程目标为了解中国传统绘画艺术的特点，提升绘画技巧与审美能力。学习传统创新技法，感悟花鸟之美，丰富艺术素养。	36

1. 民族管弦乐团——弦音悦耳伴成长

学校的民族管弦乐团，是一片充满音乐活力的天地。众多怀揣着对民族音乐热爱的学子在这里相聚，他们用二胡的悠扬、古筝的清婉、笛子的灵动等编织出一曲曲动人的乐章。在一次次的排练与演出中，同学们磨炼技艺，感悟传统。弦歌悦耳，陪伴着同学们成长，让民族音乐在校园绽放光彩。

三明九中民族管弦乐团课程纲要（简要）

主题与课时	教学目标与内容	教学方法与准备	课题练习与要求
总结上学期的社团情况，安排本学期的社团计划（1课时）	安排本学期的乐器学习和声部分配	1. 播放上学期比赛视频 2. 选择作品	分配作品和声部，各声部自行练习
作品介绍（3课时）	1. 合奏和小合奏曲目选择 2. 作品介绍	1. 作品分谱与总谱 2. 作品的风格介绍	学生选择适合自己的作品，进行学习与训练

续表

主题与课时	教学目标与内容	教学方法与准备	课题练习与要求
小合奏作品分声部排练与指导（6课时）	1. 器乐老师进行教学 2. 学生分声部练习	声部训练	学会识谱、唱谱，辨别自身声部在作品中的位置；练习乐器，在老师带领下了解乐曲所表达的内容
小合奏作品合奏训练与指导（6课时）	1. 学习乐器之间的配合 2. 了解作品的旋律位置	指挥和指导	锻炼合奏能力，学会各声部的配合；在教师带领下将乐曲处理得更加细腻，表达更加准确
大合奏作品分声部训练与指导（8课时）	1. 器乐老师教学 2. 学生分声部练习	声部训练	学会识谱、唱谱，辨别自身声部在作品中的位置；练习乐器，在老师带领下了解乐曲所表达的内容
节奏训练——打击乐部分（4课时）	1. 节奏训练 2. 辅助排练	节奏训练	打击乐同学参与训练
大合奏作品合奏训练与指导（8课时）	1. 乐器之间的配合训练 2. 了解作品的旋律位置	指挥和指导	锻炼合奏能力，学习各声部的配合；在教师带领下将乐曲处理得更加细腻，表达更加准确

时间总是这样不给人任何考虑就从身边悄悄溜走，来不及细细品味，留下的，只有回忆。不过，只要我们没有虚度光阴，它就会给我们留下最美好的记忆。

随着期末的脚步越来越近，本学期的社团工作也接近尾声。本学期社团活动的重点在于排练民乐小合奏作品《山语·幻》，为之后的比赛做准备。

最初接触到这个作品的时候，我们是兴奋的，是满怀着新鲜感的。在排练的期间，我们会因为某一段旋律而烦恼，怕会因为自己的出错影响了其他同学。在合奏的时候，新的问题层出不穷。一开始合奏，我们都不知道自己应该从哪里进，应该怎样去配合。台上一分钟，台下十年功。在排练的这段时间里，所有参与排练的同学都在为了完成这个作品而忙碌着，一次次的排练后，每个人都熟悉了作品，问题逐渐得以解决。

在社团活动中，我接触了以前从未接触过的民乐小合奏，我感到非常的新鲜、充实。同时，我也将继续努力地参与《山语·幻》排练，并不断进步。

——摘编自周睿（三明九中器乐社团成员）社团活动心得

我校器乐社团的成立，使同学们对器乐音乐的兴趣热情逐渐提高，也扩大了同学们的视野，锻炼了大家的意志。

高一刚进入器乐社团的时候，我就体会到了它与众不同的地方：老师们热情对待每位同学，对每位同学认真教导，进行一对一教学。在高二上学期的社团工作中，王桦老师和李晓群老师带领我们排练了一首富有异域风情，难度稍高的曲子《敦煌新语》。

在练习的过程中，同学们都要注意气息的控制，不断校对，把曲子由浅练到深，复杂到简单，不放过每一个细节，做到外化于形，内化于心。王桦老师针对每一位同学的弱处，细心讲解，李晓群老师为同学们讲述了故事的背景和所蕴含的情感，在技术情感上耐心指导。最终，人和曲子相与为一，完美融合。

功夫不负有心人。这首曲子在全市中小学生器乐比赛中获得了一等奖，并以全市一等奖的好成绩，受邀至福建省音乐厅（福州）进行展演，尽显了三明九中民族器乐社团的优秀风范。

通过这一学期的训练，社团成员们大有收获，掌握了器乐的基本知识，懂得音的强弱规律，在出声技巧和表演方面也有很大进步。我在社团里也学到了什么是团队合作协作精神，表面看，似乎每一个都不突出，但是一旦少了哪一个，曲调就怎么也不和谐。这让我受益匪浅。我相信，在社团老师正确指导下，在社团成员的不懈努力下，我们的器乐社团会越办越好。

——摘编自钟沄翀（三明九中器乐社团成员）社团活动心得

2023 年 7 月，器乐社节目《在那遥远的地方》参加三明市中小学生器乐比赛现场展演获一等奖。王桦老师（前排左四）上台领奖

2. “春之声”合唱团——歌声飞扬、唱出梦想

“春之声”合唱团作为学校的特色社团之一，以歌声为纽带，连接着热爱音乐的学子。在这里，他们用歌声传递感情，唱响青春梦想，为校园文化注入活力与魅力。

2020 年，排练的合唱作品《贝加尔湖畔》《鸿雁》参加福建省第六届中小学生艺术节，获中学组三等奖，表演唱《飞来的花瓣》获市第六届中小学生艺术节表演唱中学组一等奖，2021 年合唱作品《祖国永在我心中》参加市第八届中小学生艺术节比赛，再次获得中学组一等奖。

三明九中合唱团课程纲要（简要）

主题与课时	教学目标与内容	教学方法与准备	课题练习与要求
总结上学期的社团情况，安排本学期的社团计划 （2 课时）	1. 安排本学期的歌曲学习 2. 声部分配	1 播放这学期所学作品 2. 选择作品	分配作品和声部，各声部自行练习
歌唱的呼吸 （2 课时）	1. 歌唱曲目选择 2. 介绍练习作品	1. 准备好所学作品的总谱 2. 作品的风格介绍	选择作品，并进行学习与训练
胸腹式联合呼吸的训练 （6 课时）	1. 老师教授各声部的旋律 2. 学生分声部练习	声部训练	学会识谱、唱谱，能够辨别自身声部在作品中的位置；学习旋律，在老师带领下了解乐曲所表达的内容
吸气、呼气练习 （6 课时）	1. 学习各声部之间的配合 2. 把握作品的旋律及风格特征	指挥和指导	训练合唱协作能力，学习各声部的配合；在教师带领下将乐曲处理得更加细腻，表达更加准确
吸气、呼气、支点练习 （8 课时）	1. 教授各声部的旋律 2. 分声部练习	声部训练	学习合唱曲《往日时光》，让学生学会识谱、唱谱，能够辨别自身声部在作品中的位置，在老师带领下了解乐曲所表达的内容
打嘴皮、打嘟噜练习 （4 课时）	1. 学习各声部之间的配合 2. 把握作品的旋律及风格特征	指挥和指导	各声部进行配合，训练合唱协作能力

续表

主题与课时	教学目标与内容	教学方法与准备	课题练习与要求
大合唱作品合奏训练与指导（8课时）	1. 学习各声部之间的配合 2. 把握作品的旋律及风格特征	指挥和指导	训练合唱协作能力，学会各声部的配合；在教师带领下将乐曲处理得更加细腻，表达更加准确

这一学期我在合唱团中收获了许多，学习了正确的唱歌技巧，认识了许多朋友，参加了比赛，获得了高中的第一笔奖学金。这学期我们主要练习的合唱曲目是《彩虹》《如果明天就是下一生》，在本学期训练的过程中我们做了以下工作：

1. 熟悉歌曲，掌握旋律。在合唱训练中，我们一般采用试唱法，指导队员分声部先后练习，要求音高准确、节奏准确。每次练唱都用较慢的速度，力求连贯、完整。先要求学生将两个声部都唱会，然后进行声部练习。在分声部练习时着重指导学生唱好自己声部的旋律，除音高、节奏唱准外，应注意正确的分句、气息的保持以及音量的控制，然后，用哼鸣来合唱，这样减少填入歌词后音准问题，又使学生更好地体会歌曲的内容和表现意义。各声部的旋律掌控后，才进入填词演唱阶段。

2. 学习歌曲的艺术处理。合唱曲队员在掌握了基础旋律后，为了更好地表现它的内容，我们做了艺术处理。经过处理，合唱团各声部声音整齐、统一。声部与声部相互结合时声音和谐，恰当地表现了歌曲的风格和特点，每个队员都能准确地按照作品规定的速度、力度与表情歌唱。

我们在合唱训练中坚持不单是要唱会一个声部或唱会一首歌，而是要通过合唱的训练培养发展和声思维，提高合唱技巧和能力，所以老师要求我们要将所有声部的旋律都掌控，在各个声部都相互了解其艺术要求的前提下，能调节自身的音量和速度，达到声音和谐的效果。

经过老师和全体社团成员的努力，合唱社团的训练工作取得了阶段性的成绩。下个阶段，我们将会投入更大的热情，把合唱团的水准提升到一个更高的台阶！

——摘编自陈兆玥（三明九中合唱团成员）社团活动心得

合唱团日常排练

2021 年，合唱作品《祖国永在我心中》参加三明市第八届中小学生艺术节比赛获中学组一等奖

3. 舞蹈社团——塑造优美形体，提升艺术气质

学校舞蹈社团成立时间于 2017 年，面向高一高二年段学生，旨在培养学生的基本律动，塑造优美的体态，让学生在学习舞蹈的过程中感受音乐、舞蹈的魅力所在。创作作品《大鱼海棠》《且吟春雨》《鲁艺芳华》《孤勇者》《平凡力量》等在校园艺术节、校运会等多个场合公开演出，多次登上市级舞台并获一等奖，在 2022 年第七届福建省中学艺术节中获三等奖。

三明九中舞蹈社团课程纲要（简要）

主题与课时	教学目标与内容	教学方法与准备	课题练习与要求
了解舞蹈社（1课时）	介绍课程活动的制度和舞蹈社团活动历史	往届获奖舞蹈作品的介绍	选出社长，明确课程纪律（穿舞蹈鞋，不迟到等）
了解舞蹈以及为什么学习舞蹈（2课时）	了解学生的舞蹈基础，讲解舞蹈理论知识	测试学生软开度、协调性；讲授舞蹈基础理论及常用术语	初步了解舞蹈基础理论、常用术语，并能在舞蹈学习实践中运用
基本功训练方法的介绍与练习（2课时）	矫正学生不良的身姿和形体，练习基本功，为舞蹈练习打下基础	跟随音乐节拍完成舞蹈训练	学习基本功训练和韧带的舒展拉伸
地面基础训练（以站立为主）（2课时）	站立姿势训练、肩部训练、腰部训练	教师示范与讲解，学生分组训练；集体配合音乐练习	掌握正确的站姿，完成肩、腰的软开度训练
中间基础训练（2课时）	压前、旁、后腿	教师示范与讲解，学生分组训练；集体配合音乐练习	正确地压前、旁、后腿，并跟上音乐节奏
技巧练习（3课时）	踢腿、劈腿、下腰、小跳组合训练	教师示范与讲解，学生分组训练；集体配合音乐练习	掌握正确的踢腿、劈腿、下腰姿势；能完成小跳组合
古典舞的了解和学习（2课时）	提高学生自身舞蹈动作的节奏感、协调性、灵活性、柔韧性和优美感	教师示范与讲解，学生分组训练；集体配合音乐练习	动作、感情体验与表达的和谐一致

续表

主题与课时	教学目标与内容	教学方法与准备	课题练习与要求
古典舞教学常用术语及动作图示（2课时）	了解古典舞常用术语，并能与动作匹配	教师示范与讲解，学生分组训练	了解古典舞常用术语，并运用到舞蹈练习中
基本舞步及身韵八大基本动律元素（4课时）	学习花帮步、圆场、摇步、云步以及身韵八要素	教师示范与讲解，学生分组训练；集体配合音乐练习	掌握花帮步、圆场、摇步、云步，了解身韵八要素
藏族舞的了解与学习（4课时）	了解藏族民间歌舞艺术特点	教师讲授藏族舞蹈知识，学生分组讨论	了解藏族民间歌舞艺术特点
藏族舞基本动作学习（4课时）	学习藏族舞蹈基本动作、动作规律、体态动律特点	教师示范与讲解，学生分组训练；集体配合音乐练习	掌握藏族舞蹈基本动律、动作、风格
剧目排练《且吟春雨》（4课时）	掌握剧目的动作，把握舞蹈风格	教师示范与讲解，学生分组训练；集体配合音乐练习	有感情地、完整地合乐舞蹈
剧目排练《心声》（4课时）	掌握剧目动作，把握藏族舞朴实深沉的舞蹈风格	教师示范与讲解，学生分组训练；集体配合音乐练习	有感情地、完整地合乐舞蹈

舞蹈社日常活动

2022 年 5 月，原创歌舞《孤勇者》在三明市艺术馆演出

4. **书法社——笔尖传情，翰墨飘香**

在书法社的学习，使学生了解书法艺术的性质、特点，了解书法的历史概况、书体的艺术特点和书写技法，掌握书法美学的基础理论，鉴赏书法作品的一般原则和方法，提高书法审美水平。

书法社作品获“八闽丹青奖”第三届福建书法双年展、“笔歌冬奥墨舞冰雪”书法展、“师生抗疫书画”教师组优秀作品展一等奖，2022 年第 26 届全国中小学生绘画书法作品比赛二等奖。近年，学生发表作品 30 余件，其中书法报 4 件。2023 年，教师发表作品 15 件，书法论文 2 篇。

三明九中书法社课程纲要（简要）

主题与课时	教学目标与内容	教学方法与准备	课题练习与要求
背景知识（1课时）	了解书法史、《张迁碑》艺术特点	各种碑帖分析讲解（PPT）	练习控笔能力
笔法详解一（2课时）	了解掌握基本笔画的写法（横、竖）	教师示范讲解	基本笔法练习
笔法详解二（2课时）	了解掌握基本笔画的写法（撇、捺）	教师示范讲解	基本笔法练习
笔法详解三（2课时）	了解掌握基本笔画的写法（点、钩）	教师示范讲解	基本笔法练习
笔法详解四（2课时）	了解掌握基本笔画的写法（挑、折）	教师示范讲解	基本笔法练习
结字规律一（4课时）	了解掌握结字基本规律（波磔舒展、折转趋扁）	教师示范讲解	结字练习
结字规律二（4课时）	了解掌握结字基本规律（主次分明、疏密相应）	教师示范讲解	结字练习
结字规律三（4课时）	了解掌握结字基本规律（向背有致、收放有度）	教师示范讲解	结字练习
结字规律四（4课时）	了解掌握结字基本规律（开合相间、参差错落）	教师示范讲解	结字练习
结字规律五（4课时）	了解掌握结字基本规律（纵横有象、错位欹侧）	教师示范讲解	结字练习
结字规律六（4课时）	了解掌握结字基本规律（避让穿插、虚实相生）	教师示范讲解	结字练习
单字解析（2课时）	单字细节分析	教师示范讲解	单字临习

续表

主题与课时	教学目标与内容	教学方法与准备	课题练习与要求
临作的分享及感悟（1课时）	观看学生作品，谈书法学习过程的感悟	逐一分享作品	同学谈感想

自我加入了三明九中的书法社，转眼一个学期又结束了。遥想着，刚刚入社的时候我感到十分的兴奋，因为我从小就喜欢写软笔书法，而现在可以在学校里与同学们一起学习书法，你说我能不兴奋吗？

社团活动课的第一天，因为我有些书法底子，社团老师推荐我担任书法社的社长一职，这让我感到十分欣喜，因为我被老师认可了。当然，为了当好这个社长，这一年里，我没有丝毫放松，平日里都是第一个到社团教室，协助老师做好各项准备工作，写作品的时候也是认真根据老师的讲解操作，一遍又一遍地临摹，最后独立完成作品。功夫不负有心人，我也取得了相应的成绩，我的书法作品在《读写》杂志发表。

这一年里，我在社团学习的过程中收获了很多体会：写好毛笔字不是一朝一夕的功夫，只有经过不懈的努力，才能取得显著的进步。而且，练毛笔字要不断地观察、比较，要找出不足。只有保持虚心的心态，才能把毛笔字写好。我相信，我一定会成功的。

—— 摘编自郭婧怡（书法社成员）社团活动心得

书法社日常练习

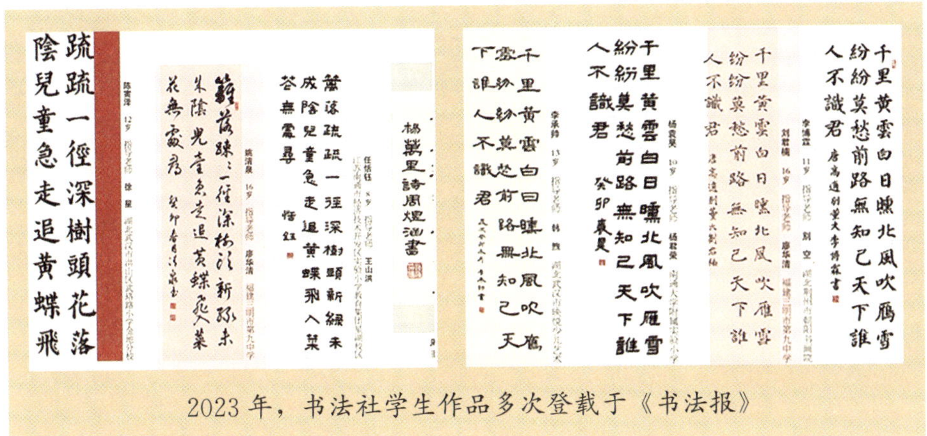

2023 年，书法社学生作品多次登载于《书法报》

5. 科学 DV 社团——透过镜头看科学

科学 DV 社团旨在学习用科学的视角看问题，用镜头记录科学探究过程，借助会声会影软件制作动画展现探究过程。采用行动导向（项目教学）教学模式，以学生为主体，发挥学生自主学习的特点，激发学生的想象力和创造力。

科学 DV 社团拍摄学生作品《石头测水深》获全国青少年科学影像节一等奖，《滴血验亲》获全国青少年科学影像节万花筒奖，《油饼为什么会膨胀》获全国科学影像节二等奖，《筷子姐妹》获全国科学影像节二等奖；制作的“无碳小车”在第四届全国科技创新设计大赛哈佛决赛中获银奖；制作 10 多部环境类、校园生活类影片，并在学校举办了首届电影展，带领数百名学生在市级及以上赛事获奖。

三明九中科学 DV 社课程纲要（简要）

主题与课时	教学目标与内容	教学方法与准备	课题练习与要求
了解科学 DV（1 课时）	介绍课程活动的制度和社团活动内容	往届获奖情况介绍（PPT）	选出社长，明确课程纪律
了解科学赛事（1 课时）	明确科学赛事及其注意事项，明确课程方向	列举科技创新大赛、科学影像节等赛事的时间节点及注意事项	明确各项赛事要求

续表

主题与课时	教学目标与内容	教学方法与准备	课题练习与要求
了解我校科技活动历史（4 课时）	观看我校学生制作的科学 DV 作品，了解科技创新大赛已有成果	往届学生作品与成果展示	分析不同拍摄技巧的优劣
了解科学 DV 的拍摄过程（3 课时）	观看今年科学 DV 获奖作品	从全国科学影像节官网下载近年作品	熟悉科学 DV 拍摄的流程
分组（2 课时）	根据学情进行搭配分组	“破冰”活动，分组建制	要求每位学生都参与到活动中
选题（3 课时）	选题	教师通过“大眼睛小眼睛”的训练，让学生学会找主题的方法	在生活中发现主题
选题分析（1 课时）	学生选题的科学性与可行性探讨	逻辑性与可行性分析	每位学生分享在生活中遇见的场景及其拍摄预想
编写脚本（4 课时）	编写脚本	通过学习和比较，让学生熟练掌握脚本的编写	对自己感兴趣的主题进行场景分解
DV 的使用（2 课时）	学习推拉摇移等拍摄技巧	教师 DV 示范	学习 DV 的使用
编写拍摄计划（4 课时）	编写拍摄计划	通过学习和比较，让学生熟练掌握拍摄计划的编写	对自己感兴趣的主题进行场景分解

续表

主题与课时	教学目标与内容	教学方法与准备	课题练习与要求
软件的学习与使用（4 课时）	学习使用剪影或会声会影等编辑软件	软件介绍及使用	了解视频剪辑软件的各个功能
学生作品的拍摄和使用（4 课时）	根据拍摄计划和剧本拍摄完成作品	完成作品的制作	小组的每一位同学都能参与到作品的制作中
作品的分享及感悟（3 课时）	分享作品，并交流制作过程中的感悟	按小组逐一分享作品	感想与反思

流年在悄然中走过，回忆在岁月中斑驳，踏过凡尘，你是铭刻在我脑海深处的记忆。

——题记

有人说，那新生的太阳最美，因为它经过了一夜的沉淀，普照大地；有人说，那雨后的彩虹最美，因为它经过了风雨的洗礼，绚丽多彩；有人说，那翠绿的小草最美，因为它经过了黑暗的考验，挣脱束缚，带给大地一缕生机。而我想说，那年我与九中、与“劲牌阳光班”及与科学 DV 社团结下了不解情缘的那一幕，最美。

金秋初见

2018 年 9、10 月，正值金秋时节，我在美丽的大九中初见你们——先后加入了科学 DV 社团和“劲牌阳光班”，我深感荣幸而又充满期待。“劲牌阳光班”项目是劲牌公司开展时间较早、持续时间最长、单项捐赠资金最多、影响力最大的慈善项目，同时也因其良好的社会效益和知名度先后三次（2008—2010）荣获中国政府慈善领域的最高奖项——“中华慈善奖”（设立于 2005 年，也是我国慈善领域最权威、最有影响力、参与力度最高的奖项）。而科学 DV 社团，在这里，学长、学姐们创造过辉煌。全国科学影像节一等奖、全国科学影像节科学微电影“万花筒”奖、全国科学影像节科学微电影最佳剧本奖、科学微电影最佳表演奖是他们用旺盛的生命活力和火热的青春激情谱写出的科学篇章。

结下缘分

当我第一次上社团课时，就深深地爱上了这里。因为这里有两位美丽帅气、幽默风趣且可以在关键时刻进行“头脑风暴”的大咖老师。经过同学们的推荐，我担任了本届科学 DV 社的社长，深知肩上的责任与使命。印象最深的画面，是李生渠老师语重心长地告诉我们：科学 DV 社团侧重的培养目标是成为勇于表现自我、在学习和生活中认真观察、具有创新潜质和探究意识的有心人，我铭记在心。

起初，由于大家的腼腆，气氛有点紧张，为了让我们彼此熟悉，消除隔阂，老师绞尽脑汁。最终，伴随着一声“来来来！玩游戏嗨起来！”开始了我们的“破冰之旅”。话音刚落，“抢凳子”“抱团”等活动相继展开，还有奖罚规则呢。我们从跃跃欲试到融入其中，相信也为今后的团队协作打下了坚固的基础。毕竟，只有形成像“亲兄弟姐妹”般的感情、默契无间的协作意识、畅所欲言的团队氛围，才能在以后的课题探究中事半功倍，不是吗？

初战告捷

《远光灯之殇，可休否?》是我自编自导的第一部关于环境保护的视频作品。正所谓“万事开头难”，过程虽有些坎坷，但我相信“世上无难事，只怕有心人”。就这样，我带着一股干劲儿开始投入到作品制作中，通过调查、探讨相关问题，采访司机和晚上实地考察远光灯的使用情况等，不仅为我的作品绘上了色彩，也使我增长了这方面的见识。“工欲善其事，必先利其器”，学习软件是我们的必备技能，视频制作的同时也是我第一次较为正式地学习软件，因此，我也抱着“试试看，重在参与”的良好心态参加比赛。由操作笨拙、速度缓慢到逐渐熟悉掌握软件的使用，最终，我在截止日期的前一天下午完成并上传提交了作品。随着时间的推移，获奖消息公布也呼之欲出的同时，我的心也跟随着提到了嗓子眼。终于，当得知我获得“2019 年国际环境小记者项目新闻作品大赛国内选拔赛”视频类一等奖的那一刻，心中的一块巨石终于落了地，这给我带来了很大的信心与鼓励。

燃烧激情

后来，我又再次成立了自己的小组，将课题定为“绿水青山之骑行三明”。这个视频作品是以三明市城市公交自行车为主题展开的，在“绿水青山就是金山银山”发展理念的引领下，三明市大力发展城市双修项目，使得公交自行车和绿道双位一体，让市民的骑行需求与绿色环境和谐发展，建成了具有健身、出行功能的江滨绿色生态景观，形成了颇受市民欢迎、实施良好、规范有序的三明市公交自行车系统。我们围绕三明骑行进行深入探究，呼吁大家爱护环境，热爱自然，积极参加骑行活动，倡导绿色生活。通过这次活动探究，我们发现这种出行方式，正在悄然改变市民的生活。自然为伴，净化心灵，骑行让我们感受到生活世界之美好，正是因为有了这种“满满的正能量”，才会让我们变得宽容、进取、热忱，使我们对生活怀有热爱与希望。我们一路可谓是摸索着前进，在拟定课题、网上查找整理资料、写脚本、问卷调查、采访、实地考察、亲身体验、数据分析、拍摄、推广宣传、制作视频和写论文等一系列活动的过程中，不仅让我们朝着有心人的方向迈进，意识到团队协作的重要性，培养我们的社会责任感和实践组织能力，得到技术方面上的丰富，而且为我们的校园生活提供了源源不断的乐趣。

收获后来

默默无闻的千辛万苦之后，我收到了第十届全国青少年科学影像节三等奖、第三届福建省校园微拍大赛微视频高中组一等奖以及第 35 届三明市青少年科技创新大赛科技创新成果竞赛三等奖的喜讯，收获成功的同时，还有万千的感慨。这其中有遭遇困难时的不知所措，辛苦熬夜后的筋疲力尽，完成制作后的一身轻松，获奖时的欣喜若狂，不管获奖成绩如何，获奖对于我们的辛勤努力而言，都是一种肯定。而老师的鼓励和指导，时时刻刻陪伴着我们，像是一盏灯点亮了我们迷茫的道路。

2019 年的寒假，在“劲牌阳光班”的赞助支持下，我报名参加了第六届全国青少年创新设计大赛，并成功组建了一个团队赴京参赛，经过认真的训练，我们喜获一等奖的佳绩。“一分耕耘，一分收获”，随后，我还参加了“地球小博士”全国地理科普知识大赛和第八届“魅力之光”杯等比赛，均取得了较好成绩。

饮水思源

光影匆匆，时光的流逝也许会消磨我此时的成就感与喜悦，但是参加比赛的那段岁月将会是我最难忘的美好记忆。若不是学校长期秉持立德树人、多元教育理念，开展丰富了校本课程，我怎会遇见科学 DV，又何来这段难忘的经历呢？若不是“劲牌阳光班”的鼓励与帮助，我又怎会有这样来之不易的机会呢？

科学 DV 社日常活动

每个人的内心都是一片花海，我们无法拥有轰轰烈烈的阳光和温暖，但是，总会有人能触碰到你内心的花苞，你的心中就会留有淡淡的手心的温度，随之，花苞便会绽放，不论大小，不论红紫，它都是属于你内心的感受。“劲牌阳光班”不仅仅是在用实际行动去帮助别人，更是在传递着一种积极的、阳光的和正能量的精神。而作为阳光班学子的我们，对母校九中、对阳光班都有尤为深厚的感情，饮水思源，我们应该懂得感恩与回馈，播撒阳光，将这份无私的大爱传递下去。最后，我愿九中砥砺前行，越来越好，再创辉煌。

——摘编自张颜（科学 DV 社成员）社团活动心得

6. **编导与播音主持社——声音有温度**

编导与播音主持社在各项赛事中展现其奕奕风采，无论是全国“我是海洋演说家”演讲比赛，还是省市中华经典诵读比赛，均收获了不俗成绩。播音主持社团培养了许许多多热爱播音主持专业的学生，也为各大院校输送了如巫珊、王苏闽、符薇等优秀播音主持专业学生。编导与播音主持社主要以诵读课程为主，学生将心中的梦想通过声音尽情地表达，每一次诵读训练，都是一次情感的释放，每一次声音的迸发，都是梦想在激情地点燃！

三明九中编导与播音主持社课程纲要（简要）

主题与课时	教学目标与内容	教学方法与准备	课题练习与要求
了解播音主持（2 课时）	简要介绍播音主持社团制度和课堂活动	明确播音主持的特点、艺考的要求等	选出社长，明确课程纪律及课堂活动
安排课程内容，明确各阶段诵读主题（4 课时）	明确诵读主题，了解朗诵要求	播放相关诵读经典作品，声音训练	选择适合自己的诵读篇目
诵读训练《我的南方和北方》（4 课时）	诵读作品，体会祖国大好河山，培养爱国情怀	欣赏不同表演作品，指导诵读	背诵诵读作品，有感情朗读，完成节目编排
诵读训练《请党放心·强国有我》（4 课时）	为艺术节节目做准备	听、模仿，多角度诵读	要求高二学生做到背诵台本，有感情朗读

续表

主题与课时	教学目标与内容	教学方法与准备	课题练习与要求
艺术节节目排练（4课时）	节目编排	队形排练，声音校正	要求学生能够根据自身特点发挥日常所学
半期展演（2课时）	半期展演，诵读自己熟悉的作品	展演	高一高二全体学生准备对应篇目进行期中展示
诵读训练《青春诗篇》（2课时）	《青春诗篇》诵读训练	听经典诵读，模仿	完成诵读训练
诵读训练《青春诗篇》（2课时）	《青春诗篇》诵读训练	将青春的感悟融入至朗读之中	熟读一篇关于青春的诗篇，有感情地诵读
诵读表演欣赏《钢铁》（2课时）	欣赏“齐越节”经典诵读作品，培养诵读表演能力	视频播放，表演指导	完成鉴赏感悟
校园朗读者（4课时）	模仿“朗读者”节目，进行校园朗读展示	模仿、诵读训练	完成诵读训练
期末展演（4课时）	期末展演	展演	积极准备期末展演
班会、总结（2课时）	期末展演、班会总结	按抽签顺序上台进行期末展演	每位同学谈诵读感想

转眼高中已经过去一半，我在社团的时间也只剩下最后半年。记得刚进高一时，我怀着满心好奇进入编导与播音主持社，不为别的，只是单纯喜欢。可是，理想很丰满，现实很骨感，不是有一颗热爱的心就可以将播音主持这件事做好。作为一个语言与技术类社团，对耐心、细心、功底都

有要求。但对于我来说，耐心、细心不沾边，功底就更不用说了。刚进社团就觉得自信心受到了“碾压”。

欧阳行老师从我们刚进社团就一直在强调要有耐心和细心。比如一篇短小精炼的诵读材料，可能要反复雕琢好几遍。这种诵读训练的过程是比较枯燥的，大家在老师的指导下各自圈划重点、集体正音再到试读，总是少了些乐趣。但是，在这个过程中可以让人变得沉稳、安静。经过一年时间，我从一次次的诵读训练里发现了声音原来可以这样被修饰，然后经过自己的理解被呈现出来，这种感觉是很奇妙的，我也发现我早已经喜欢上这个社团。

这个社团，让我重新认识了声音这个世界，它是灵动的，纯洁神圣的，充满生机的，它也可以是狡黠的，充满魅力的。对于即将上高三的我，哪怕是社团活动结束了，我想我也不会就这样和编播说再见的，闲暇时随意地诵读几个篇目也是一种情调，更是情感的陶冶。

很开心当时选到一个对味的社团，也很庆幸自己没有知难而退。万事开头难，当越过开头的一步，也许会收获一份别样的惊喜。

——摘编自张炜珠（编导与播音主持社成员）社团活动心得

播音主持社成员主持校文艺汇演

7. 手工社

手工社成立的初衷为以艺载德，以艺促智。本社团通过手工制作来弘扬手工艺传统文化，加深校园文化氛围，丰富同学们课余生活，提高中学生对手工制作的兴趣爱好。手工制作活动不仅充满了创造精神，也让同学们的形象思维和逻辑思维得以更好地交融。用手工制作的方式来表达我们积极的生活态度，手工社成为同学们追求心灵美、生活美的精神栖息地。

三明九中手工社课程纲要（简要）

主题与课时	教学目标与内容	教学方法与准备	课题练习与要求
带你走进剪纸的世界 （6课时）	了解我国优秀的民间手工艺术——中国剪纸	教学图片展示	提前布置课题内容，让学生做好课前预习
单独纹样剪纸 （10课时）	1. 发现生活中美的形象与图案 2. 用自己喜欢的方法，制作有趣的对称图案	剪纸作品展示及讲解	课后独立创作一幅剪纸，题材不限
折叠剪纸 （10课时）	1. 认识团花纹样 2. 学会对折一次剪纸的方法，剪出角花纹样 3. 培养手脑协调的能力和简约、概括的审美情趣	多媒体课件，展示不同折叠方法产生的不同图案	课后用3种折叠方法制作同一纹样的剪纸
彩色剪纸 （10课时）	1. 掌握“点色剪纸” 2. 通过套、衬、分、拼等手段，创作出自己喜欢的彩色剪纸	各剪纸作品赏析，小组合作、共同分析讨论	分组讨论，学生自主评价

校园中五彩缤纷的社团活动丰富了我们的业余生活，也为我们提供了展示自我能力与发挥创造力的舞台，适度的社团活动还是我们高中生业余生活的“调味剂”与“润滑剂”，不但可以起到放松心情、舒缓压力的作用，而且很多同学在加入社团后，明显地感觉到自己的沟通能力、组织能力、表达能力等都有很大进步，性格也变得更加开朗乐观了。

9月中旬的时候，随着我们高一新生军训的结束，校里各大社团都在如火如荼地展开招生纳新工作，而加入各种各样的社团组织也成为我们高中新生生活的第一课。

我也根据自己的兴趣爱好选择了自己喜爱的社团，有幸成为我校手工社的一员。在我心目中，社团是学校不可缺少的组织机构，社团活动是多种多样、丰富多彩的。它就是为丰富同学们的校园文化生活而创立的。但是，直到我从一个单纯的社团活动的参与者逐步走向一个社团活动的主持者的时候，我才真正地体会到了举办社团活动的真正意义。虽然在筹备活动的过程中遇到了许许多多大的小的困难，但是当我们大家齐心协力把困难一一解决，再次回首的时候，我们收获的不仅仅是心中那一份单纯的喜悦，更多地是满足感与成就感。在别人看来，或许我们的活动简简单单，但是当我们真正地参与到里面，从始至终地体会了举办的过程的时候，我才发现这是一种享受，是一个能够体现自我能力、增强自信心的过程。

社团本就是服务于我们学生的，加入社团让我感受到实践出真知、长才干，参与服务活动有利于激发我们追求进步、崇尚文明、勇于创新、甘于奉献的热情，有利于培养我们高中生的社会责任感，增强团队意识和集体荣誉感。社团服务活动的有效实施也能使我们服务主体的组织能力、协调能力、表达能力，人格、心理等都得到不同程度的锻炼和提高，从而更易于成为全面发展的个体，自身也更加全面。

——摘编自徐磊（手工社成员）社团活动心得

手工社作品展示

8. **平面设计社**

平面设计课程的开设，旨在促进学生之间互相交流，锻炼学生的设计能力并培养和增强学生的创造性思维。它以兴趣和美术为基础，利用Photoshop、Coredraw等专业软件，通过设计并结合符号、图形、文字、色彩等视觉语言来产生鲜活的视觉效果，从而传达信息。课程的内容包括三大构成（平面构成、立体构成、色彩构成）、平面设计的相关知识（平面设计的性质、范畴、分类）、软件学习（Photoshop、Coredraw等）和设计产品（Logo、海报、书签、名片、装饰图案等），是一门极具审美与实用功能的课程。

三明九中平面设计课程纲要（简要）

主题与课时	教学目标与内容	教学方法与准备	课题练习与要求
平面构成（1课时）	1. 了解平面构成的形式与内容，掌握表现技法，学会设计并制作完成作品 2. 了解平面构成的形态要素、平面构成的表现形式	1. 平面构成作品展示 2. 平面构成的形式、表现方法讲解，作品表现演示	课前了解平面构成内容，收集一些点、线、面等平面构成相关素材
色彩构成（1课时）	1. 了解平面构成的形式与内容，掌握表现技法，学会设计并制作完成作品 2. 知道色彩基础知识：色彩的对比构成、色彩秩序构成与色彩情感	1. 色彩构成作品展示 2. 色彩构成的形式，表现方法讲解，作品表现演示	课前了解色彩构成内容，了解不同色彩的心理联想，了解色彩构成的要素
平面设计（10课时）	1. 了解平面设计，掌握平面设计的方法、表现形式 2. 认识平面设计：设计需要创意与灵感，设计的关键是选好图，巧妙的色彩搭配，文字就是设计工具，暗藏玄机的版面设计	1. 平面设计的作品欣赏 2. 平面设计的要素、表现方法、形式等表现手段，通过讲解、演示等方法进行	收集优秀的平面作品和现实生活中的设计作品，并进行归纳和分类

续表

主题与课时	教学目标与内容	教学方法与准备	课题练习与要求
Photoshop软件学习（12课时）	1. 学会运用软件，熟悉操作过程，并利用其设计作品 2. 初识Photoshop选区工具、路径工具、绘图工具、图层、蒙版和滤镜、图像色彩和色调控制、金属字制作、海报设计	1. 熟悉Photoshop软件 2. 软件的工具应用、菜单应用、实践操作、讲解、演示	通过案例设计进行步骤拆分，了解设计过程与思路，学会常规软件操作
案例分析（12课时）	1. 综合实践，设计具有实用性和艺术性的项目作品 2. 三明九中社团徽章设计，VI设计，三明古民居窗花图案设计，纪念光盘贴设计、字体设计，金属字设计	1. 实际案例分析 2. 案例操作、表现、演示，优秀案例分析	软件实操与项目设计相结合，设计实用且具有创意的平面设计作品

9. 摄影社

摄影社课程以摄影构图为基础，学生在熟练构图技法的同时，根据个人喜好选择某一题材与风格进行专题学习。课程主要分为四个项目：摄影艺术简介、摄影构图讲解、照片氛围调整、实验实践。

三明九中摄影课程纲要（简要）

主题与课时	教学目标与内容	教学方法与准备	课题练习与要求
摄影艺术简介（3课时）	1. 摄影艺术基础知识介绍 2. 认识摄影艺术的分类及艺术特点	PPT展示，作品欣赏	通过教师介绍讲解对摄影艺术形成简单认识，并且能够欣赏优秀作品
摄影构图讲解（9课时）	1. 常用构图介绍以及解析（三角形、黄金分割点、对称、中心点等） 2. 掌握不同主题对构图的选择运用	学生课后练习作业讲评	课后对上课构图讲解进行有效实践

续表

主题与课时	教学目标与内容	教学方法与准备	课题练习与要求
手机后期软件处理（10 课时）	1. 下载安装使用各类型手机软件 2. 通过软件完成不同效果处理	课堂实践，学生分小组研讨	能够灵活掌握并运用手机软件功能
三明九中特色明信片制作（4 课时）	1. 往届学生优秀明信片制作解析 2. 制作过程讲解 3. 主题选择 4. 效果调整	1. 优秀作品介绍 2. 课件解析 3. 学生采风练习	1. 每位同学完成两到三张明信片制作 2. 校园展览
获奖作品分析，指导参赛（6 课时）	1. 参赛作品指导规则介绍 2. 选择合适作品参加比赛	1. 教授、示范 2. 准备作品	1. 每人完成两张合适的作品 2. 作品展示，自我评价，学生互评
实践写生指导（4 课时）	1. 外出准备 2. 小组合作 3. 调整作品 4. 完成作品	1. 实践介绍 2. 准备：相机	1. 每人完成一张好的作品 2. 做一份课题小结

10. 工笔花鸟社

工笔花鸟社的课程以工笔花鸟画技法为教学内容，学生在熟练掌握绘画技法的同时，根据个人喜好选择某一技法与题材进行专题学习。课程主要分为四个项目：中国画简介、工笔花鸟线描、工笔花鸟设色、工笔花鸟调整。

三明九中工笔花鸟社（结合三明古民居窗花课题图案设计）课程纲要（简要）

课时	教学目标与内容	教学方法与准备	课题练习与要求
中国绘画基础知识（1 课时）	1. 认识传统的绘画发展以及艺术特点 2. 赏析中国艺术形式的艺术特点	1. 教学图片展示 2. 挖掘不同的艺术形式的特点	提前布置课题，做好课前预习

续表

课时	教学目标与内容	教学方法与准备	课题练习与要求
中国建筑知识与中式窗花（1 课时）	1. 认识中国建筑基础知识（窗花） 2. 认识窗花的雕刻方法和表现形式	教学图片展示与讲解	提前收集三明古民居窗花，简要分析
工笔花鸟线描（6 课时）	1. 能够画出流畅的线条 2. 工笔画线描的不同画法	1. 熟宣纸、勾线笔、碟子 2. 教师示范勾线，学生练习	归纳和总结工笔花鸟的线描画法
设计关于三明古民居的窗花图案（4 课时）	1. 创作准备：将古民居窗花照片转换为图案设计稿 2. 组织创作	1. 找到你要设计的窗花图片 2. 准备素描纸、铅笔等工具	教师引导，并提醒学生注意形和构图
图案设计与工笔花鸟设色结合（22 课时）	1. 创作过程：结合工笔花鸟设色技巧 2. 如何分染、罩染	1. 教授、制作 2. 教师示范讲解	1. 每人完成 1 张图案设计完整稿 2. 作品展示，自我评价，学生互评
画面调整与处理（2 课时）	1. 调整作品 2. 完成作品讲授、制作	1. 教授、制作 2. 准备：多媒体等	1. 作品打印展示 2. 自我评价和学生互评 3. 做一份课题小结

11. 手帐社

手帐社的课程以手帐体系为教学内容，学生在了解手帐的体系之后，学会自主安排时间，进行习惯塑造、日常打卡、日程规划等等，再加入版式设计的内容，完善自己的手帐风格。本课程主要分为四个项目：手帐的基本要求、手帐的体系、寻找自己的手帐风格、让手帐生动有趣。

三明九中手帐课程纲要（简要）

课时	教学目标与内容	教学方法与准备	课题练习与要求
什么是手帐（3 课时）	1. 手帐是什么 2. 手帐入门须知 3. 手帐的基本问题	1. 多媒体课件 2. 小组合作，讨论分享对手帐的认识	1. 提前布置课题内容，让学生做好课前预习 2. 准备好做手帐的工具
手帐可以写什么（12 课时）	1. 手帐让日常变得更高效 2. 手帐让生活变得更有趣 3. 手帐让自己变得更优秀	1. 多媒体课件 2. 手帐作品展示及讲解 3. 部分内容的示范	1. 完成日常打卡手帐、生活记录手帐及思维输出手帐 2. 建立自己的手帐体系内容
寻找自己的手帐风格（6 课时）	1. 简洁排版的四大原则 2. 配色的原则 3. 寻找自己的手帐风格	1. 多媒体课件 2. 版式设计作品的展示 3. 小组合作，讨论、练习	1. 收集喜欢的风格的手帐 2. 完成两款不同风格的手帐（手帐内容不限）
让手帐变得生动有趣（5 课时）	1. 中英文字体 2. 微手绘 3. 有颜手帐	1. 中英文字体解析 2. 小组合作，分享手绘素材	1. 收集自己喜欢的字体 2. 收集准备练习的手绘素材 3. 完成一篇有手绘内容的手帐
如何把手帐打造成一件作品（8 课时）	1. 拍摄角度 2. 拍摄摆件 3. 拍摄光线	1. 多媒体课件 2. 小组合作，交流作品拍摄成果	1. 拍摄 3 张手帐作品 2. 采取自评互评的方式分享交流 3. 做一份课题小结

社团文化作为学校特色文化不可或缺的组成部分，在尚美校园里绽放出了百花齐放的绚烂光芒。社团的成立，为学生展示自我，塑造自我，成就自我提供了广阔而多样的平台。在尊重个体成长，挖掘生命潜能的教育道路上，它赋予了人生更多走向成功的可能性。三明九中将继续大力支持学生社团的建设，从而进一步实现教育的多元化、开放化，办新时代更好的教育！

后　记

三明九中基于美术特色教育的优势，确立了“向着美的方向成长，以美成就师生、以美发展学校”的教育价值取向，将“尚美”（“尚美”意为“崇尚美好的境界，追求身心的和谐发展”）确立为学校文化建设的主题，以美为主线，把尚美文化建设渗透到校园环境、德育工作、校园活动等各个方面，通过实施“尚美校园、尚美课程、尚美课堂、尚美教师、尚美学生”等“五美”工程，立体建构“尚美”校园文化体系，引导师生求真尚美，以美定办学之格，以美成育人之品。

经过多年的持续探索与实践，学校的美育元素无处不在，尚美意识深入人心，崇尚美、欣赏美、创造美、展示美已成为广大师生的自觉行为，“具有美的理想、美的情操、美的素养、美的人格”构成学校人才培养的特色目标，以尚美校园、尚美课程、尚美课堂、尚美教师和尚美学生为支撑，逐步形成了“尚美”为主题的学校文化，“学校美术特色”逐步升华为“美术特色学校”。

三明九中将以省示范性高中建设为契机，全面贯彻落实党的教育方针，进一步提升办学品位，深入推进特色办学，积极发挥示范引领作用，为实现跨越式发展不断拼搏奋斗！

我们将谋新篇开新局，锚定目标，接续奋斗，深化教育教学改革，促进提质增效，推动普通高中高质量发展。

他日登高天地宽，人间春色从容看……

九中人，美的成长，在路上！